AF461717

RECUEIL COMPLET

DES

CHANSONS DE COLLÉ.

RECUEIL COMPLET
DES
CHANSONS
DE COLLÉ.

Hic totus volo rideat libellus,
Nec per circuitus loquatur illam,
Ex quâ nascimur, omnium parentem,
Quam sanctus Numa mentulam vocabat.
MARTIAL.

TOME PREMIER.

A HAMBOURG,
ET A PARIS,
CHEZ TOUS LES MARCHANDS DE NOUVEAUTÉS.

1807.

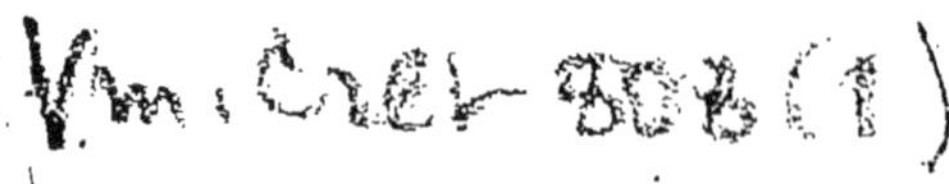

AVIS.

Collé est le premier de nos Chansonniers; voilà ce que personne ne conteste. Où trouver plus d'esprit, de gaîté, de verve et d'originalité? Qui a peint avec plus de vérité ces mœurs du grand monde, dont un vernis brillant de grâce et d'amabilité couvroit la profonde corruption? A cet égard, les Chansons de Collé sont les Mémoires les plus fidèles que l'on puisse consulter. Sous un air de folie et d'indécence, elles cachent plus de véritable observation et de sage censure, qu'on n'en trouve étalé dans beaucoup de romans, de pièces de théâtre, de satires, et de livres de morale. Les contemporains de Collé n'ont pas méconnu en lui ce mérite. *C'est à lui*, dit Laharpe, en terminant un de ses discours en vers :

C'est à lui qu'il convient, d'une main plus habile
De jeter sur le siècle un ridicule utile,
D'achever le sujet dont je vous entretiens.
J'admire ses pinceaux et je quitte les miens.

et Laharpe, en s'exprimant ainsi, n'avoit pas moins en vue les Chansons de Collé, que les pièces de son *Théâtre de Société.*

On pourroit reprocher aux unes et aux autres une licence d'idées et même d'expressions qui va quelquefois jusqu'au cynisme ; mais il est juste d'observer qu'on ne peut peindre un sujet quelconque qu'avec les couleurs qui lui sont propres, et que Collé, faisant parler ou agir des duchesses et des abbés de cour, étoit obligé, par respect pour les *mœurs* (1) et le costume, de mettre dans son style beaucoup d'effronterie et d'indécence. Au reste, si la pudeur est en droit de condamner quelques-uns de ses tableaux, le bon goût et la gaîté s'empresseront de les absoudre. L'obscénité sans esprit révolte ; mais la licence ingénieuse et plaisante a toujours

(1) Cette expression, on le voit bien, est employée ici uniquement dans le sens que les auteurs dramatiques et les peintres lui donnent.

été en possession d'amuser les honnêtes gens.

Collé avoit imprimé à la suite de son *Théâtre de Société* celles de ses Chansons que son Censeur avoit pu lui permettre ; et, il en faut convenir, ce Censeur s'étoit trouvé homme d'assez bonne composition. En 1784, parut un petit volume *in*-18, sans indication de lieu ni de libraire, portant pour titre : *Chansons qui n'ont pu être imprimées, et que mon Censeur n'a point dû me passer.* Ce volume imprimé sans doute à l'étranger, sur une mauvaise copie du manuscrit de Collé, l'a été d'une manière tout-à-fait fautive. Il y a peu de couplets qui n'y soient ridiculement défigurés ; et comme ce qu'on avoit de chansons ne fournissoit pas à l'épaisseur du volume qu'on avoit dessein de donner, on y a suppléé par une foule d'épigrammes sales et presque toutes mal faites, dont on a couvert le *verso* des pages.

Ce petit volume ne renfermoit pas encore toutes les Chansons libres de Collé, que la sévérité mitigée de son Censeur *n'avoit pu lui passer*, et l'on couroit le risque de n'en avoir jamais la totalité, si Collé lui-même ne les avoit rassemblées et ajoutées de sa main à la suite du troisième volume de son exemplaire du *Théâtre de Société*, édition de 1777. C'est sur cet exemplaire tombé entre nos mains, qu'a été imprimé le nouveau Recueil qu'on publie aujourd'hui. C'est assez dire qu'il contient à la fois la totalité et le texte *pur* des Chansons libres de Collé. Celles que son Censeur *a pu lui passer* y sont jointes, comme de raison; car, si nous avons demandé grâce pour l'obscénité spirituelle des unes, nous avons été loin de penser que la décence non moins ingénieuse des autres dût être un motif d'exclusion. Les unes et les autres sont charmantes.

CHANSONS DE COLLÉ.

LA BÉQUILLE PERDUE ET RETROUVÉE.

AIR : *Du Père Barnaba.*

ENSEIGNEZ-MOI qui l'a,
Nommez-moi la friponne !
A celle qui l'aura
D'avance je pardonne.
J'ai perdu ma Béquille,
S'écrioit Barnaba !
Quelle est l'honnête fille
Qui la rapportera ?

Dans chaque carrefour,
Pour un bijou si riche,
Qu'on batte le tambour,
Que partout on l'affiche.
N'est-ce point une fille
Des chœurs de l'Opéra,
Qui retient la Béquille
Du Père Barnaba?

La serrant dans sa main,
Une Agnès fut surprise
De la sentir soudain
Glisser sous sa chemise:
Est-ce donc une anguille?
Monsieur, dit-elle, où va
Se fourrer la Béquille
Du Père Barnaba?

Une dame de cour,
S'en étant emparée,
Fit languir plus d'un jour
La bourgeoise sévrée,

Disant : C'est bien, ma fille,
Pour ces espèces-là
Qu'est faite la Béquille
Du Père Barnaba.

L'on s'en servait long-temps
Dans des couvens de filles ;
C'étoit le passe-temps
Des novices gentilles.
L'on élargit la grille
De l'*Ave Maria*,
Pour passer la Béquille
Du Père Barnaba.

Le Père Barnaba,
Chez une Janséniste
Enfin la retrouva ;
Mais, dit-il d'un air triste :
Pour une sainte fille,
Voyez en quel état
Vous rendez la Béquille
Au Père Barnaba.

Le démon de la chair
Sans cesse m'aiguillonne,
Disoit au bon Pater
Une gentille nonne.
Il faut, dit-il, ma fille,
Chasser ce démon-là,
A grands coups de Béquille
Du Père Barnaba.

Un jour l'homme de bien
Confessant une fille,
Par forme de maintien
Elle prit sa Béquille,
Et de fil en aiguille,
A son *meâ culpâ*,
Elle tira roquille
Du Père Barnaba.

En amour un peu grec,
Un père de famille,
Redoutant quelque échec
A l'honneur de sa fille,

D'un grand coup de faucille
Ce pantalon coupa
Les glands de la Béquille
Du Père Barnaba.

COUPLET DÉTACHÉ.

*Sur l'*AIR *: Toque mon tambourinet.*

MAD'MOISELL' Paspasse,
Dans d'certains instans,
Crie et demande en grace,
Qu'on l'attende.... oh! j't'attends,
Oh! j't'en casse, t'en casse,
C'est s'ficher des gens.

COMMENT

L'ESPRIT VIENT AUX FILLES.

Vaudeville fait en société avec M. Saurin.

L'ESPRIT aux filles se donne
De mille et mille façons :
Les sots n'y sont les moins bons ;
Demandez-le à quelque nonne,
Elle vous répondra net,
Que le docteur de Sorbonne
En sait moins que le Mazet ;
Et voilà dans les familles
Comment l'esprit vient aux filles.

Agnès s'agitoit sans cesse,
Soupiroit et ne savoit
Ce que son cœur lui vouloit ;
Mais celui qui la confesse,

L'interroge et fait si bien
Qu'Agnès, du mal qui la presse,
Apprend l'art de faire un bien;
Et voilà, etc.

Jeanne, sotte au monastère,
Sotte au sortir du couvent,
Plaisoit sans savoir comment.
Le précepteur de son frère
Lui montre le rudiment
Que l'on enseigne à Cythère;
Son esprit s'ouvre à l'instant;
Et voilà, etc.

Daphné, faute de culture,
Chantoit sans goût, et souvent
Trembloit encore en chantant;
Mais son maître la rassure,
En prenant son unisson :
Amour qui bat la mesure
Leur donne à tous deux le ton;
Et voilà, etc.

Colette, en amour peu fine,
Brûloit d'amour pour Colin,
En amour aussi peu fin;
Leur cousine Mathurine
Instruit Colette un matin,
Qui plante là sa cousine,
Pour instruire son Colin;
Et voilà, etc.

Lise, à la Saint-Jean dernière,
Paroissoit si bête, que.....
Que cela passoit le jeu;
Mais elle surprend sa mère
Autrement qu'en oraison;
Cet exemple salutaire
Ouvrit sa conception;
Et voilà, etc.

Sœur Anne ne fait pas montre
Ni d'esprit ni de savoir;
Elle en doit pourtant avoir,
Car le curé d'ici contre

Pour le latin la vient voir,
Et tous les jours le lui montre
Au travers de son parloir ;
Et voilà, malgré les grilles,
Comment l'esprit vient aux filles.

A quatorze ans Isabelle
Voit un trictrac, et dans peu
Elle prend l'esprit du jeu.
Aux plus forts joueurs la belle
Donna bientôt du dessous ;
Son maître même avec elle
Ne prit jamais que deux trous ;
Et voilà, etc.

CHANSON MALHONNÊTE

Contre les honnêtes femmes par un monsieur qui a à s'en plaindre.

Air : *En passant sur le Pont-Neuf.*

N'ayant point trouvé de mœurs
Aux demoiselles des chœurs,
J'avois résolu dans l'ame,
Pour n'être plus libertin,
De prendre une honnête femme,
Qui ne fût pas trop putain.

La chose est rare à Paris,
Demandez-le à leurs maris;
Et ce ne fut pas sans peine
Que je pus toucher le cœur
D'une bourgeoise inhumaine,
Qui me tint trois jours rigueur.

Mais le jour qu'elle permit
Que qui vous parle lui mît,
Pour ne pas voir sa défaite,
Et se cacher son vainqueur,
Elle voulut qu'en levrette
Je lui fisse cet honneur.

Il fallait qu'elle fît cas
De prendre ainsi ses ébats;
Car, dans la même posture,
Dès le lendemain matin,
J'ai surpris ma créature
Avec un Bénédictin.

Ce levrier monacal
N'étoit pas mon seul rival;
Car, outre sa Révérence,
Elle eut, pour son carnaval,
Un duc, Picard, et la France,
Un archevêque et Grandval.

Pensant pourtant toujours bien
Des autres femmes de bien,

Depuis j'en eus quinze ou seize;
Toutes m'ont fait cent noirceurs.
Parbleu! qu'un autre les baise:
J'aime mieux baiser nos sœurs.

Enfin si j'ai de l'humeur,
Contre vos femmes d'honneur,
Je vous jure sur mon ame
Que ce n'est point sans sujet;
Ma dernière honnête femme
M'a fait loger chez Faget (1).

Je vois bien qu'il me faudra
Retourner à l'Opéra.
Et toi, Public, si tu blâmes
Mes goûts un peu libertins,
Fais que nos honnêtes femmes
Ne soient pas les plus putains.

---

(1) Chirurgien des gardes françaises.

L'IRRÉSOLUE COMME ÇA.

VAUDEVILLE.

AIR : *Coussi, coussa.*

Tenez, Monsieur Joconde,
En vain vous me pressez :
Finissez ;
J'appellerai du monde,
Si vous me tracassez.
Cessez,
Laissez,
Attendez,
Songez que vous me perdez.

Dans peu l'on me marie,
Du moins restez-en là,
Jusque-là !
Holà ! je vous en prie;

Eh quoi! vous y voilà?
Cessez, etc.

Hélas! restez donc, puisque,
Sans cela, mon plaisir
Va finir;
Mais...... courrai-je ce risque?
Je ne sais que choisir.
Sortez,
Restez,
Différez,
Retirez-vous.... demeurez.

Mon hymen qu'on médite
Pourroit se rompre par
Un hasard.
Ayez de la conduite,
Marquez-moi quelque égard.
Sortez,
Restez,
Différez,
Retirez-vous.... demeurez.

Mon futur a la forme
D'un petit margajat,
Comme ça,
Vous, vous êtes énorme,
Il s'en apercevra.
Sortez, etc.

Ah! bon dieu! quelle placc!
Vous en tenez pour trois
A la fois;
Croyant rompre la glace,
Que dira mon bourgeois?
Sortez, etc.

Quand l'amour est extrême,
Joconde, on ne doit pas
Être las.
Me laisser au troisième,
C'est un tour de Judas!
Rentrez,
Restez,
Répétez,
Et d'aujourd'hui n'en sortez.

VAUDEVILLE

Fait pour le divertissement ajouté à la Foire Saint-Laurent, comédie de Legrand. L'on annonçoit des curiosités.

AIR : *Dans le Fleuve d'Oubli.*

D'UNE amante fidelle
Nous avons le portrait,
Trait pour trait;
Celui d'une cruelle,
Animal rare ici,
Dieu merci !
Ces Messieurs peuvent m'en croire,
Ou bien venir ce soir
Pour les voir,
A la Foire.

Nous avons les prunelles,
De quatre vieux seigneurs,
Grands lorgneurs;

Les têtes sans cervelles,
De trois jeunes abbés,
Mal plombés.
Ces dames peuvent, etc.

C'est ici que des dames,
Messieurs, vous joûront des
Gobelets;
Nous avons là des femmes
Qui font de nouveaux tours.
Tous les jours.
Ces Messieurs, etc.

Nous avons un grand homme,
Arrivé depuis peu
Dans ce lieu,
Qui fait, quand on l'en somme,
Six complimens par jour
En amour.
Ces dames, etc.

Aux filles les moins neuves
Nous donnons la fraîcheur,
Et la fleur,

Et des secrets aux veuves,
Pour n'avoir point d'enfans
Tous les ans.
Ces dames, etc.

Venez voir les secousses,
Et de ce voltigeur
La vigueur,
Qui, sans lâcher les pouces,
S'élève, va, revient,
Et se tient;
Mais il ne faut pas m'en croire,
Il faut venir ce soir,
Pour le voir,
A la Foire.

VAUDEVILLE DE PARADE.

Sur le même Air.

GILLES.

Queuque chose qu'on fasse,
Il faut se rendre un jour
A l'amour.
Quand la raison le chasse,
Dans le cœur il revient,
Et s'y tient;
Et de queuqu'façon qu'on s'tourne,
Malgré soi chaque jour,
En amour,
L'on s'enfourne.

MANNESELLE ISABELLE.

Je fuyois mon Léandre,
A l'église et partout,
Comme un loup;

Mais il venoit m'surprendre,
S'cachant avec esprit,
Sous mon lit;
Et de queuqu'façon qu'on s'tourne
Malgré soi chaque jour,
En amour,
On s'enfourne.

LE BEAU LÉANDRE.

J'entrai novice aux carmes,
Mais mams'ell' v'noit souvent
Au couvent.
Dès que j'ons vu ses charmes,
Contre elle je fis troc
De mon froc,
Et de queuqu'façon qu'on s'tourne,
Malgré soi chaque jour,
En amour,
L'on s'enfourne.

MANNESELLE ISABELLE.

R'tirez-vous de bonne heure,
Dis-je à Léandre, d' peur,

De malheur,
Malgré ça z'il demeure,
Et puis il vous soutient
Qu'on le r'tient;
Et de queuqu'façon, etc.

LE BEAU LÉANDRE.

Quand l'amour est extrême,
L'on fait, malgré ses dents,
Des enfans,
Et les maris de d'même,
Qu' messieurs les favoris,
Y sont pris;
Et de queuqu'façon, etc.

L'amour dans ma famille,
Rend tous les amoureux
Malheureux.
Ma mère est morte fille,
A son septième enfant,
L'cœur me fend;
Et de queuqu'façon, etc.

LE BON HOMME CASSANDRE.

Si je n'ons point d'gravelures,
C'nest point, sur notre honneur,
Par pudeur ;
Les femm' n'aim' pas l's ordures,
Ni les couplets d'chansons,
Polissons ;
Ou bien faut qu'on les leur tourne,
Et prendre garde après
Comme on les
Enfourne.

ON NE DISPUTE POINT DES GOUTS.

VAUDEVILLE.

AIR : *Tant que Margot fut au Village.*

CHACUN a son goût qui le mène;
L'un hait ce que l'autre chérit :
Un sot est aimé de Climène ;
Lucinde aime un homme d'esprit.
L'une prend ce que l'autre rebute;
Et dans cela, comme dans tout,
Chacun a son goût;
Point de dispute,
Chacun a son goût.

En fait d'amour et de musique,
L'on ne s'accorde plus en rien;
L'un préfère le goût antique,
L'autre le goût italien;

L'un aime ce que l'autre rebute;
Et dans cela, comme dans tout,
Chacun a son goût, etc.

Chaque femme, à ce qu'il nous semble
N'a qu'un seul amant à la fois;
Mais la tendre Iris prend ensemble
Deux amans, et fort souvent trois.
C'est pour en avoir à la minute;
Et.... etc.

Tandis que Daphné, sans tendresse,
Refuse un amant jeune et beau,
Qu'elle fuit le dieu du Permesse,
Pasiphaé prend un taureau,
Et c'est Apollon que l'on rebute;
Et..... etc.

Socrate et Sapho la Lesbienne
Ont eu des goûts assez suspects:
Tous les jours en France on ramène
Leurs jeux renouvelés des Grecs.
Il n'est plus de plaisir qu'on rebute,
Et..... etc.

LA FILLE A MA TANTE.

AIR : *Une faveur, Lisette.*

C'EST la fille à ma tante,
Pour qui j'ai de l'amour :
Cette bonne parente
Sent pour moi du retour ;
Mais c'est la vertu même,
Je ne puis réussir :
Cependant elle m'aime,
Ça fait toujours plaisir.

L'hymen qui m'épouvante,
Pour elle a des appas ;
Le sacrement la tente,
Mais je n'en tâte pas.
Quand on est en ménage,
L'on se voit sans desir ;

Mais hors du mariage,
Ça fait toujours plaisir.

Quelquefois je l'embrasse
(Car je suis son cousin)
Et même elle me passe
Les baisers sur le sein;
Mais quand ma main approche
Du but de mon desir,
J'attrape une taloche,
Ça fait toujours plaisir.

La nuit souvent en rêve,
Je vois ses charmes nus;
J'imagine voir Eve,
Mes sens sont tout émus.
Amour! quel doux mensonge!
Pzit...., je crois en jouir;
Quoique ce soit en songe,
Ça fait toujours plaisir.

VAUDEVILLE

A l'encontre d'un talon rouge qui avoit commencé à perdre le respect à une Intendante, mais qui n'a pu achever de lui en manquer entièrement (1).

AIR : *J'étois malade d'amour.*

HIER matin en m'éveillant
(J'en suis encor choquée),
Par un fat qui fait le galant,
Je fus presque brusquée.
C'est un...., c'est un petit insolent,
Qui m'a...., qui m'a manquée.

Après d'inutiles transports,
(Vous m'en voyez piquée),

(1) C'est une manière de complainte.

Après d'inutiles efforts
Qui m'avoient fatiguée,
C'est un sot, c'est un sot petit corps
Qui m'a...., qui m'a manquée.

D'abord d'un air peu circonspect
Il m'avoit attaquée ;
Après cela d'un faux respect
Masquant cette équipée,
Quel chien, quel chien, quel chien de respect !
Il m'a...., il m'a manquée.

EXHORTATION AU CÉLIBAT.

AIR : *Boire à son tire lire, lire.*

Il faut s'aimer toujour,
Et ne s'épouser guère ;
Il faut faire l'amour,
Sans curé ni notaire.
Cessez, Messieurs,
D'être épouseurs,
N'visez qu'au tire lire,
N'visez qu'au tour lour loure,
N'visez qu'aux cœurs.

Dans ce siècle l'on prend
Une Iris qu'on marchande ;
Est-il un bien plus grand,
Commodité plus grande ?
Cessez, Messieurs,
D'être épouseurs, etc.

C'est à l'Opéra, crac,
Que les gens se marient,
C'est dans le cul de sac,
Que les bancs se publient.
  Cessez, Messieurs,
  D'être épouseurs, etc.

Pourquoi se marier
Quand les femmes des autres
Ne se font pas prier,
Pour devenir les vôtres;
  Quand leurs ardeurs,
  Quand leurs faveurs
Cherchent nos tire lire,
Cherchent nos tour lour loure,
  Cherchent nos cœurs ?

L'ÉLOGE DE LÉANDRE.

VAUDEVILLE DE PARADE.

AIR : *Sapete sonar dello Violino.*

QU'IL est charmant !
Léandre a, ce me semble,
Pour un amant,
Tous les talens ensemble !
Il jase au mieux,
Brode au mieux,
Aime au mieux :
C'est bien gracieux, très-gracieux,
Fort gracieux.

C'est un monsieur
Qui fait tout avec grace;
C'est un danseur
Qui jamais ne se lasse;

Il danse au mieux,
Saute au mieux,
Aime au mieux, etc.

Dans les presto,
Fort souvent il m'étonne;
Dans nos duo,
Jamais il ne détonne;
Il chante au mieux,
Part au mieux,
Aime au mieux, etc.

Quand tout le jour
Léandre a tenu table,
La nuit, l'amour
Le rend plus redoutable;
Il boit au mieux,
Verse au mieux,
Aime au mieux, etc.

Dans des momens,
Il calme mes alarmes,
Par ses sermens,
Ses soupirs et ses larmes;

Il aime au mieux,
Pleure au mieux,
Jure au mieux, etc.

Ecrivant bien,
Mais sans folle vîtesse,
Il ne fait rien,
Qu'il ne lime sans cesse;
Il aime au mieux,
Pense au mieux,
Lime au mieux, etc.

C'est un cadet
De qui l'adresse est telle,
Qu'au pistolet
Il mouche la chandelle;
Il aime au mieux,
Tire au mieux,
Mouche au mieux:
C'est bien gracieux, très-gracieux,
Fort gracieux,

NE DÉRANGEZ PERSONNE.

VAUDEVILLE.

AIR : *N'avez-vous pas vu l'horloge?*

CE mouchoir, belle Raimonde,
Va contre votre intérêt;
Il cache une gorge ronde : —
Oh! ça, monsieur, s'il vous plaît,
Ne dérangez pas le monde,
Laissez chacun comme il est.

Belle, êtes-vous aussi blonde,
Qu'à vos cheveux il paroît?
Je veux voir cela, Raimonde : —
Oh! ça, monsieur, s'il vous plaît,
Ne dérangez pas le monde,
Laissez chacun comme il est.

Faudra-t-il que je vous gronde?
Le traître !.... qu'est-ce qu'il fait ? —
Ah ! je vous tiens bien, Raimonde ;
A votre tour, s'il vous plaît,
Ne dérangez pas le monde,
Laissez chacun comme il est.

L'ON S'EN RIT.

VAUDEVILLE.

AIR : *Du Vaudeville de l'Ile du Divorce.*

LA femme du seigneur Horace
Me disoit hier, entre nous :
Quand mon mari me fait la grace
D'être ou de paroître jaloux,
Quelquefois cela m'embarrasse ;
Mais le plus souvent je m'en ris.

Un jour le mari d'Isabelle,
Lui parlant de ces jeunes fous
Qui faisoient leur cour à la belle,
Lui dit : Je me moque d'eux tous.
Si vous vous en moquez, dit-elle,
Moi, mon cher mari, je m'en ris.

L'on veut avoir la jeune Flore,
On s'abîme, on lui donne tout,
On voudroit donner plus encore;
Mais bientôt survient le dégoût :
Les huit premiers jours on l'adore,
Et le neuvième l'on s'en rit.

Damon, qu'est-ce donc qui vous trouble?
Philis, j'entends frapper deux coups;
Oui, poursuit-il, et l'on redouble!
Mon dieu! n'est-ce pas votre époux?
Eh bien! dit-elle, quitte ou double,
Va toujours ton train, je m'en ris.

Non, ce n'est jamais la morale
Qui nous fait cacher notre goût;
C'est cette décence fatale,
Qui sait nous arrêter sur tout :
Un pauvre abbé craint le scandale,
Un prélat bien renté s'en rit.

VAUDEVILLE

Pour la Rentrée d'un Théâtre particulier.

AIR : *Orléans, Beaugenci.*

DANS ce jour, nos auteurs,
Nos acteurs, nos spectateurs,
Tout rentre.

Quel plaisir singulier
De sentir et de crier :
Je rentre !

Ce plaisir est piquant,
Puisque le cœur me bat quand
Je rentre.

Un Acteur retiré,
En est plus considéré,
S'il rentre.

Quand l'époux est jaloux,
L'on craint de voir cet époux,
Qui rentre.

Mais l'amant est charmant,
Justement dans le moment
Qu'il rentre.

LES DINDONS DE CYTHÈRE.

VAUDEVILLE.

AIR : *Chansons ! chansons !*

Qu'on voit de Dindons sur la terre !
Les plus beaux sont ceux qu'à Cythère
Nous vous gardons ;
Ce seroit une liste à faire,
Abbés, robins et gens d'affaire,
Dindons, Dindons.

Jeune amant qui reste à rien faire,
Vieux galant qui veut contrefaire
Nos céladons,
En amour celui qui préfère
D'être dupe au plaisir d'en faire,
Dindons, Dindons.

Ce galant séculier qui brûle
De remplacer, chez sœur Ursule,

Père Cordon,
Qui, dans ce projet ridicule,
Meurt en voulant faire l'Hercule,
Dindon, Dindon.

L'amant présentant son offrande,
Qui, timide, après en demande
Bien des pardons;
Cet autre qu'une ardeur trop grande
Consume avant que l'on se rende,
Dindons, Dindons.

Des Messieurs qu'on ne peut comprendre,
Laisseroient là Vénus pour prendre
Son Cupidon;
D'autres, d'un goût un peu plus roide,
Abandonneroient Ganimède
Pour un Dindon.

Sur nos amusemens comiques,
Nous ne craignons point les critiques,
Ni les lardons.
Nous nous moquons des satiriques,

Et nous appelons les caustiques,
Dindons, Dindons.

COUPLET DÉTACHÉ.

Les jésuites ont dans le monde
Des biens, dont la source féconde
Vient de nos dons,
Et de cet ordre ridicule,
Nous n'avons tiré que la Bulle,
Et les Dindons.

COUPLETS

Ajoutés au Vaudeville ou Prologue de l'Espérance.

L'Espérance chante.

A FEMME abandonnée
Par son volage époux,
En déesse bien née
Elle offre un sort plus doux;
Elle promet vengeance,
Et des amans constans.
Et guai, guai, guai, l'Espérance
Rend tous les cœurs contens.

A la beauté qui traite
L'amour solidement,
Je promets un athlète
Qu'elle appelle un amant
Lui dis que sa vaillance
Se soutiendra long-temps
Et guai, etc.

J'inspire l'assurance
Au plus mince talent,
J'arme de confiance
Un auteur chamberlan ;
Je le flatte d'avance
Qu'il doit plaire long-temps.
Et guai, etc.

A l'amant vieux et blême,
Qui tourmente Vénus,
Qui dit encor qu'il aime,
Et ne le prouve plus,
Je promets assistance,
Contre les contre-temps.
Et guai, etc.

Le pape est mon esclave
Avant d'être nommé,
Je préside au conclave
Sitôt qu'il est formé:
Là, de chaque Eminence,
Je viens flatter les vœux.
Et guai, etc.

TOUT EST PARADE.

VAUDEVILLE DE PARADE.

AIR : *Il faut boire plus d'un coup.*

TOUT est parade ici bas,
Tout paroît ce qu'il n'est pas,
En haut, en bas,
Dans tous états,
Tout est parade,
Tout est parade ici bas,
Tout est pantalonnade.

Amant novice en amours,
Croyez-moi ; craignez toujours
La masc, masc, masc, la ca, la ca, la
Mascarade.
Dans ce temps-ci les amours
Sont amours de parade.

J'ai vu dans ce siècle aisé,
Repousser un épousé
A la bar, bar, à la ri, ri, la barricade,
Par l'amant favorisé,
Prise sans escalade.

Belles, jamais ne prenez
Les gens qui n'ont un grand nez,
Que pour la pa, pa, la, ra, ra, pour la parade,
Et dont les sens ruinés
Vont à la débandade.

Fuyez aussi ces danseurs
Qui nous étonnent par leurs
Gar, gar, gar, gouil, gouil, gouil, leurs gargouillades,
Car souvent ces grands sauteurs
Vous paient en gambades.

J'entends prêcher aux dévots
La chasteté dans les mots;
Quelle ca, ca, quelle pu, pu, capucinade!

Quand je vois à ces bigots
Le goût d'Alcibiade!

Prenez-moi des financiers
Pour payer vos créanciers,
Puis des rebuts, rebuts, rebuts, des re-
buffades,
Et rendez aux officiers
L'or de ces gens maussades.

LA VEUVE UN PEU CONSOLÉE.

VAUDEVILLE.

AIR : *Du Curé de Pomponne.*

Mon premier époux étoit brun,
Je fus prise à ce piége ;
Souvent je me levois à jeun
D'avec ce sacrilége ;
Et jamais le défunt
N'en fit qu'un :
Le bel époux de neige !

En seconde noce, un bourgeois,
Que je crus un satyre,
Fut mon époux quatorze mois,
Et ne cessa de dire :
L'ordinaire bourgeois
Est de trois ;
Jugez quel pauvre sire !

En troisième noce, Tircis
 Répara cette offense;
Mes chagrins furent adoucis,
 Mon cœur moins en souffrance;
 Il alloit jusqu'à six,
  Ce Tircis,
 Et je pris patience.

Après ces trois, je pris Mazet,
 Le fermier de ma tante;
De son amour il m'embrasoit
 Avec beaucoup d'entente;
 Il alloit jusqu'à sept,
  Le Mazet!
 J'en fus assez contente.

Mon dernier est né sans esprit,
 Et sans une pistole,
Ne pense point, il se nourrit,
 Son air lourd me désole;
 Mais il va, chaque nuit,
  Jusqu'à huit!
 C'est ce qui me console.

LA GUINGUETTE.

VAUDEVILLE.

Air : *Ziste, zeste, point de chagrin.*

Chantons l'illustre Ramponeau,
Dont tout Paris raffole;
L'on a chez lui du vin nouveau,
Et fille qu'on cajole;
C'est là que Michau
Renverse Isabeau
Sur le cu d'un tonneau.
Et ziste et zeste, et point de chagrin,
L'on s'y ri, l'on s'y ri, l'on s'y rigole;
Et ziste et zeste, et point de chagrin,
L'on s'y rigole avec son vin.

L'on danse au son du tambourin,
L'on fait la capriole;
L'on s'y bat, l'on y prend au crin
Le brave qu'on enrôle;

Puis l'on en revient
Au vin qui soutient,
A Catin qui vous tient;
Et ziste, etc.
L'on s'y rigole avec Catin.

Lorsque l'on est las de Catin,
L'on embrasse Nicole,
Qu'on abandonne le matin,
Pour Suzon qu'on bricole;
Ou pour Jeanneton,
Ou pour Margoton,
Ou pour mam'zell' Tonton.
Et ziste, etc.
L'on s'y rigole avec du vin.

Le vin fait revivre l'amour,
Et lui rend la parole.
L'amour altère, et, tour à tour,
L'on boit et l'on s'accole;
Couchés, ou debout,
Ici, là, partout,
L'on boit et l'on y fout.

Et ziste, etc.
L'on s'y rigole avec Catin.

Vous filles de trop bonne foi,
Que l'amour affriole,
Faites-y des sujets au roi :
Coûtent-ils une obole ?
Quand vous en avez,
Ils sont élevés
Chez les Enfans-Trouvés.
Et ziste, etc.
L'on s'y rigole avec le vin.

LE VAUDEVILLE

DU MOIS DE MAI.

Même Air.

Aux propos sucrés, dans ce temps,
Le sexe s'affriole ;
Toutes les femmes, au printemps,
Sucent la gaudriole :
Qui sait la voiler
Peut leur en parler,
Peut leur en couler.
Et ziste et zeste, gai, le cœur gai,
L'on se ri, l'on se ri, l'on se rigole ;
Et ziste et zeste, gai, le cœur gai,
L'on se rigole au mois de mai.

Qu'un amant qui, sur l'Hélicon,
Encense son idole,
Laisse les vers, prenne son ton,

Qu'il la.... qu'il la cajole;
Puis il placera
Les vers qu'il fera
Quand il jouira.
Et ziste et zeste, etc.

Au printemps tout nous paroît bon;
La blanche et la créole,
La femme faite ou le tendron,
La duchesse ou Nicole,
Tout cède au torrent;
L'une à vous se rend,
Et l'autre vous prend.
Et ziste et zeste, etc.

Qu'on brusque une femme, au printemps
Ce n'est pas qu'on viole,
Ce n'est que saisir les instans.
Viens-t-en à mon école,
Et tu me verras
Sortir d'embarras,
Chapeau sous le bras.
Et ziste et zeste, etc.

Au printemps, un prêtre payen,
Jadis au Capitole,
Parlant aux cœurs, sentit le sien
Repousser son étole:
Le sexe pieux
Trouva dans ses yeux
Du délicieux.
Et ziste et zeste, etc.

MON MIRDONDAINE.

RONDE.

REFRAIN.

Eh ! tout beau ! fi donc ! qu'osez-vous dire?
Eh mais ! qu'est-ce que vous dites donc (1) ?

C'EST par l'esprit qu'on inspire
De l'amour à Margoton,
C'est en la faisant bien rire,
C'est en prenant bien son.... ton.
Eh! tout beau, etc.

Quand Hercule à Déjanire
Eut fait voir son bel esprit,
Elle s'en laissa séduire,

(1) Les convives chantent ce refrain comme s'ils interrompoient le chanteur.

Elle y fut prise, et le prit.
Eh ! tout beau ! etc.
Eh mais ! est-ce que cela se dit ?

Que c'étoit un maître sire,
Que ce grand roi Salomon !
Il sut à la fois suffire (*parlé*)
A plus de douze cents ... *concubines.*
Eh ! tout beau ! fi donc ! qu'allez-vous dire ?
Eh mais ! qu'est-ce que vous dites donc ?

Le sultan dans son empire,
Donne aux femmes qu'il chérit
Mille eunuques pour leur nuire,
Et ne leur donne qu'un....
Eh ! tout beau, etc.
Eh mais ! est-ce que cela se dit ?

AUTRE RONDE

Sur le même Air.

Blaise et Margot à merveille,
Ensemble ont toujours vécu.
Blaise hausse la bouteille,
Et Margot lève le....

Refrain qu'interrompt
de même le chanteur.

Eh! fi donc! dit-on chose pareille?
Polisson, et fi donc! que dis-tu?

Mademoiselle des Roses
Vouloit, pour qu'on la servît,
Que l'on lui donnât trois choses,
Argent, bon vin, et bon....
Eh! tout beau! ce sont-là lettres closes,
Eh mais! est-ce que cela se dit?

L'on m'a parlé d'une brune,
Qui de ses faveurs, dit-on,
N'en accordoit jamais qu'une,
Celle d'entrer dans son....
Fi! cela ne fera point fortune,
Ce couplet est par trop polisson.

J'aime, disoit frère Côme,
Les femmes et rien de plus.
Je laisse aux suppôts de Rome
L'honneur de servir les....
Et! tout beau! n'achevez pas, bon homme;
Ne nous mettez pas le nez dessus.

Que je suis mal dans mes pièces!
J'ai deux yeux, disoit Nanon,
Deux mains, deux pieds et deux fesses,
Dix doigts, et je n'ai qu'un....
Eh! tout beau! quoi! devant mes deux nièces,
Fi! paix! qu'est-ce que vous dites donc?

PARODIE

DU MENUET D'HYPOLITE.

Agnès, qu'auparavant
L'on prenoit pour sainte,
Se trouve un jour enceinte
Dans son couvent:
De son accouchement
Vint le fatal moment.
Chaque nonnette
Rit malignement;
Puis s'en va chuchottant,
Murmurant, caquetant;
Mais l'abbesse discrète,
Pour calmer ce bruit,
Tousse et dit:

Qu'on aille, sans rumeur,
Vîte chercher notre accoucheur;

Je connois du visiteur
L'humeur,
De ce beau coup il est l'auteur.
Chut : un pareil malheur
Peut arriver à chaque sœur ;
Du couvent sauvons l'honneur,
J'ai peur
De l'évêque ou du promoteur.

Lorsque ce gris vêtu
Séduisit ta vertu,
Religieuse indigne !
Que ne nous appelois-tu ?
Quelqu'un seroit venu.
Sœur Agnès a répondu :
Du cu
Je vous ai fait signe
Tant que j'ai pu.
Qu'on aille, etc.

PARODIE

De l'Air : Je cassai ma cruche, hélas !

Sœur Agnès fait le démon,
Frère Simon!
Elle se plaint de toi,
Sachons pourquoi :
Nous as-tu fait cet affront?
Je vois rougir ton front;
Chaque mot te confond,
Répond.

Je vais conter mon malheur,
Avec candeur;
Je suis un grand pécheur,
Père Prieur,
Indigne désormais
D'être jamais
Un de vos frères lais.

Compagnon
Du père Oignon,
L'autre soir, chez les Ursulines,
Au dortoir
Nous allions voir
Deux nonnains après matines.
Dans la cellule de sœur Isabeau
Il entre sans flambeau,
Et moi je me glisse après
Chez sœur Agnès.
Sœur Agnès, etc.

Hélas ! hélas !
Mon père, vous ne le croirez pas. —
Va, va, conte le cas. —
Debout tous deux,
Je m'y prenois tout de mon mieux ;
Mais, mais quel coup fâcheux !
Hélas ! etc.

Pour aller au choc,
Je troussois son froc,
Puis quittois le sien

Pour lever lc mien.
Mais l'un s'abaissoit
Quand l'autre haussoit.—
Va, tu n'es qu'un maladroit
En pareil cas
Lorsqu'une innocente ne s'aide pas,
Prends, nigaud, prends
Ta maudite robe entre tes dents.

Pour aller, etc.

PARODIE

De l'Air Polonois des Indes Galantes.

FAIS comme moi,
Boi ;
Sois, Simon,
Mon
Second ;
Verse à nous
Tous ;
Fort bien,
Tien,
Vien,
Reçois ce coup de ma main
Plein.

Sans être las
J'en ai mis bas,
Dans un banquet,
Sept.

Quoique vieux
Et goutteux,
Je bois mieux
Que jamais;
Mais
Avec moi
Boi,
Tope à toi;
Voi,
Mon roi,
Voi
Mon sang froid.

Êtes-vous, amis,
Déjà gris?
L'un s'endort,
L'autre sort,
Tout d'abord
Est mort.

Quelle honte!
De mon temps,
Mes enfans,

On tenait table long-temps.
Moi qui compte
Soixante ans,
Pauvres gens !
Je me sens
Moins vieux
Qu'eux.

PARODIE

Du Menuet d'Erato.

FADEUR.

QUAND vous levez les yeux,
Philis, vers les cieux,
Vous embrasez les Dieux.
Mars fougueux
Devient langoureux.
Saturne le vieux
Sent renaître ses feux.
Vulcain, ce dieu boîteux,
Brûle pour eux.
Phébus aux blonds cheveux
Forme des vœux,
Et Jupin amoureux
Quitte les cieux
Sans faire à son épouse ses adieux.
Abaissez, Philis, vos regards cruels;
Contentez-vous que l'encens des mortels
Brûle sur vos autels :
Et laissez-là ces pauvres immortels.

PARODIE.

AIR : *Viens, fils de Vénus, viens, etc.*

L'HYPOCRITE Babet,
Au lieu d'un bouquet
Porte un long chapelet.
Son corset
Fait en parapet
Cache à l'œil furet
Son tetin rondelet.

Elle refuse net
Le dameret.
Rebute le muguet,
Craint le plumet.
Lui couler un poulet
Est un forfait
Que jamais elle ne pardonneroit.

De la prude elle a le mordant caquet,
Dans l'Eglise elle plante le piquet;
Mais on sait
Qu'en secret
Elle épuise un nerveux Récolet.

PARODIE.

D'un Menuet Anglois.

Es-tu bien, dis-moi! —
Quoi? —
Satisfait Mathieu? —
Peu. —
As-tu de l'abbesse
A la fin joui? —
Oui.

Mais quelque écornifleur
Avoit cueilli la fleur
Que m'avoit promise cette fausse Lucrèce.
Quoi! malgré son serment,
Une abbesse me ment!
Mais quel cas fait-on
De la Religion?
Bon.

Après un trait si noir,
Bon soir.
Adieu, grille, parloir,
Dortoir.

Que pour elle et son couvent
Cette abbesse cherche un autre desservant. —
Modère un peu ton chagrin ;
Si tu quittes la nonnain,
N'étant pas ultramontain,
Que te reste-t-il, mutin ? —
Ma main.

PARODIE

D'un air des Indes Galantes.

RIEN,
Père Cyprien,
Ne vous contient,
Rien ne vous retient,
Tout vous convient;
Sans distinction,
Vieille, ou tendron,
Belle ou laidron,
Tout vous est bon.
Dites-vous jamais non ?

Tout
Est de votre goût;
Vous croquez tout :
Nos religieux
Sont ſurieux

De voir sous leurs yeux
Quatre nonnains
Entre vos mains,
Quand chacun d'eux
N'en a pas deux.

(Réponse du Père Cyprien)

Vous grondez pour un rien,
Père Gardien;
Calmez vos esprits.
Comment! je suis
L'ancien desservant
De ce couvent,
Et cependant
Je me restreins
A mes quatre nonnains!
Pourrais-je à moins
Avoir mes besoins?
Vos yeux sont témoins
Que dans ma jeunesse
J'accordois mes faveurs
A plus de douze fringantes sœurs,
Et contentois leurs ardeurs.

(*Le Père Gardien poursuit*).

Rien, etc.

Mais j'apprends d'autre part
Que vous avez fait un poupart
Hors de ce couvent.
Que va devenir cet enfant?
Qui le nourrira,
L'élevera,
S'en chargera?
Sera-ce l'abbesse?
Elle a peine à nourrir les siens;
Elle en a refusé des miens:
Ira-t-elle prendre les tiens,
Tandis qu'elle ne fait rien
Pour les enfans d'un Gardien?

Rien, etc.

PARODIE

Du Tambourin des Indes Galantes.

METS-TOI comme il faut,
Petit nigaud :
C'est trop haut,
D'aujourd'hui, Lycas,
Tu n'y seras :
C'est trop bas ;
A peine mon doigt
Dans cet endroit
Entreroit ;
Et ce maladroit
Y prétendroit
Entrer tout droit !

Philis, m'y voici. —
Nenni,
Mon pauvre ami.

Laisse-moi faire,
J'en fais mon affaire;
Ma main,
Mon Benjamin,
Dans le bon chemin
Te conduira.
Ty voilà.
Tu fais trop d'efforts,
Ah! le sot corps!
Il est dehors.
Mets-toi, etc.

J'y suis,
Le sens-tu, Philis? —
Oui, Licas, poursuis;
Tu te roidis
Contre l'obstacle. —
J'y suis,
Le sens-tu, Philis?
Je veux cette fois
Tout d'une haleine aller à trois. —
Depuis
Qu'au monde je suis,

Jamais je n'ouis
Parler d'un pareil miracle.
Mais quoi !
Tu n'es plus chez moi.
Tiens-toi, mon garçon,
Mieux à l'arçon,
J'ai le rein bon. (1)

Mets-toi, etc.

---

(1) VARIANTE.

Vois ce que tu fais,
Et te remets :
Le sot dadais !

PARODIE

De la Musette des Talens Lyriques.

RESTER tout court
A la neuvième politesse!
Est-ce à ma cour,
Qu'on vient pour me jouer ce tour?
Rester tout court,
Disoit une certaine Altesse!
Quoi? nuit et jour,
Ne peut-on se faire l'amour?

O nature ingrate!
Notre sexe en vain se flatte;
O nature ingrate!
Tu formas les hommes trop froids.
Je donnerois,
Pour un bon amant automate,

A Vaucauson,
Tout ce qu'il voudroit de façon.

A quoi diable il applique
Sa chienne de mécanique !
Que l'innocent fabrique,
Au lieu de son méchant flûteur,
Un serviteur
D'un beau moule, et bien élastique.
Nos mirliflors
Vaudroient-ils cet homme à ressorts ?

PARODIE

De l'Ouverture des Indes Galantes.

QUEL heureux moment,
Où l'amant,
Peut unir librement
L'emportement
Au sentiment !
Accord charmant,
Qui rend
Encor plus grand
Le plaisir qu'on prend.

Ah! dans cet instant,
Si l'on s'entend,
L'on s'attend,
En ne partant,
Qu'autant
Que sa belle à l'instant
En fait autant.
Voilà ce que nos petits maris,

Rigris,
Nigauds, ou mal appris
N'ont jamais bien compris;
Mais
Aussi ne fait-on jamais
Avec eux ses essais.
Les benets
Ne sont faits
Que pour être à peu près
Après
Les confesseurs et les
Laquais.

L'amant
S'y prend bien autrement!
Le coquin va poliment,
Limant, limant;
Il limeroit
Tant qu'on le voudroit.
D'ailleurs son doigt
Fait ce qu'il doit.

L'heureux talent,
Qu'un doigt galant,

De cent façons se tournant,
Allant, venant,
Et vous menant,
Par un doux chatouillement,
Droit à l'événement!

Mais il faut, pour que le doigt,
Sur cet endroit,
Soit plus adroit,
Se mettre en levrette et du côté droit.

La posture est de repos:
Chacun est sur le dos,
Le doigt et le héros
Marchent à pas égaux;
Et ne se livrant qu'à propos,
L'amour couronne ses travaux.

Mais exiger des époux
Ces petits ragoûts,
Ces exercices gentils!
Les connoissent-ils?
Non; tout dans le Sacrement,
Se fait maussadement
Et gauchement.

Mais d'où vient l'Hymen est-il
Un poison si subtil
Qu'il éteint les plaisirs,
Et même les desirs?
C'est que ses plaisirs sont permis.
Fuyez donc, mes amis,
La chaîne de l'hymen;
Fuyez ce triste *Amen*.
Venez et riez
Des gens mariés.
Honneur et gloire au seul amant!
Et dites foin du Sacrement,
Du Sacrement.

PARODIE

Des Calotins de Couperin.

J'AI la marotte
D'aimer Marotte ;
Je la préfère à
Nos sœurs de l'Opéra.
C'est une impure
Presque aussi sûre (1)
Que ces belles
Demoiselles
Là.

C'est qu'elle est jolie,
C'est qu'elle est polie,
C'est qu'elle est d'une folie !
Elle se rit toujours de quelqu'un ;
De l'esprit sans suite,

(1) VARIANTE.
C'est *une* infante
Moins triomphante, etc.

Sa conduite
N'a pas le sens commun.
J'ai la marotte
D'aimer Marotte;
Quoique trop ouverts,
Je préfère ses airs
Aux graves mines
De nos robines,
Dont l'orgueil est le moindre travers.

Cet hiver, par accident,
La veuve d'un président
M'avoit pris en attendant;
Et ce printemps,
J'eus quelque temps
La femme d'un intendant,
Mais à mon corps défendant.

Combien je souffris!
Si c'est, mes amis,
Un malheur d'être pris
Par des présidentes,
C'est encor pis
D'avoir des intendantes.

J'ai la marotte
D'aimer Marotte :
Adroite en amour,
Elle y sait plus d'un tour :
C'est une aisance,
Une indécence,
L'on croit voir une femme de cour.

De ces femmes-là,
J'en ai jusque-là ;
Ces fortunes-là,
Ne sont pas de grandes trouvailles,
Et l'on en aura
Tant qu'on en voudra,
D'autant qu'à Versailles,
C'est à qui s'en défera.

Mais ici déjà
L'on en veut à
Ma pauvre Marotte ;
Déjà l'on complotte,
De me l'accrocher ;
On veut chercher

A s'aboucher;
On offre cher
En viager;
Je l'ai fait déloger.

L'un des meilleurs
Enchérisseurs
(O temps! ô mœurs)!
C'est.... il faut que je nomme,
L'homme,
C'est un riche abbé, mitré,
Taré:
Son nom,
C'est.... non,
Ne disons pas tout haut son nom.

Mais si je ne le nomme pas,
Autre embarras:
Le clergé qu'on vient d'assembler,
Me fait trembler.

Tous nos Prélats,
Gens délicats,

Qui jeuneront,
D'abord prendront
Ce qu'ils pourront,
Puis chercheront,
Déterreront
Marotte, et me l'enleveront.

Marotte est faite exprès pour eux.
Elle a des yeux,
Tendres et bleus,
Bien scandaleux.
Quand elle lorgne, il est douteux
Si Marotte ne fait pas mieux.

Sur nos Pontifes indécens
Ces charmes-là sont bien puissans;
Et d'ailleurs Marotte a des sens
Récompensans
Les insolens
Qui montrent des talens.

J'ai la marotte
D'aimer Marotte,

Tant que je pourrai,
Je la conserverai;
Mais s'il arrive
Que l'on m'en prive,
Je m'en.... ma foi je m'en passerai.

COUPLETS DÉTACHÉS.

AIR : *Lerelà, lere lanlà.*

NOTRE curé maître Garnier
Dit à la femme du meunier:
Eloignez-vous du presbytère,
Lerelà lerelenlere,
Lerelà,
Lerelenlà.

Ou si je vous y vois entrer,
Je pourrai vous administrer
Le sacrement de l'adultère.
Lerelà lerelenlere, etc.

LA NAISSANCE,

Les Voyages et les Amours de Bacchus,

VAUDEVILLE

Par un Bel Esprit Suisse.

*Sur l'*AIR : *Lampons, lampons, camarades, lampons.*

POUR Sémele et Jupiter,
Bacchus fut un fruit amer ;
Car Sémele en avorta,
Et Jupiter le porta
Pendant neuf mois dans sa cuisse,
Puis fut accoucher en Suisse.
 Chantons, chantons
Le dieu des treize cantons.

De Suisse en Franche-Comté,
Dans son dix-huitième été,

D'abord ce dieu s'en alla;
Mais il ne resta pas là:
Il s'en fut droit en Bourgogne
Faire de bonne besogne.
Chantons, etc.

En faveur des Allemands,
Il eut quelques bons momens;
Le jour qu'il fut le plus gai,
Il fit le vin de Tokai:
De loin maudissant la Brie,
Il bénissoit la Hongrie.
Chantons, etc.

Sur ce père des buveurs,
Vénus versa ses faveurs;
Un jour cet amant divin,
Qui mêloit l'amour au vin,
Sur le revers d'une tonne,
Perça le cœur d'Erigone.
Chantons, etc.

Pour les femmes de sa cour,
Plus fort qu'Hercule en amour,

C'est en Suisse qu'il apprit
A leur contenter l'esprit.
Dans l'Inde avec Ariane,
Il fut tendre comme un âne.
Chantons, etc.

Dans une orgie un beau soir,
Il montra bien son pouvoir;
On dit, on fit plus, on crut
Qu'en cette nuit seule il eut
Les façons les plus entrantes
Avec trente-trois Bacchantes.
Chantons, etc.

VAUDEVILLE MORAL,

Sur la Misère des Temps, la Duperie des Femmes du grand monde, et les propos trompeurs de nos agréables.

AIR : *Il l'attrapp'ra, il l'attrapp'ra.*

Pour moi votre goût est visible,
Comtesse, et vous le savez bien ;
Profitons d'un moment paisible. —
Non, monsieur, il n'en sera rien.
Joconde, vous êtes risible,
Cessez un pareil entretien.
C'la me va bien ! c'la me va bien !

La plus aimable des comtesses
Ne refusez pas votre bien ;
Tous les jours quatre politesses
Seront votre pain quotidien. —
Qu'il est drôle avec ses promesses !
Moi qui ne suis sensible à rien !
C'la etc.

Ah ! soyez moins majestueuse !
Mais regardez donc, voyez bien... —

Ah ! ciel ! hélas ! ah ! malheureuse !
Non, monsieur, non, je ne vois rien.
Votre insolence est monstrueuse ! —
Il est vrai, madame, et combien
C'la vous va bien, c'la vous va bien.

Nota. Le 4e et le 5e couplets ne doivent être chantés que deux heures après les premiers.

Est-ce à ce mot que se termine,
Monsieur, ce brillant entretien ?
Depuis deux heures je rumine
Quel sera ce pain quotidien :
Je suis prête à crier famine ;
Je n'y tiens plus ; quel plat maintien !
C'la me va bien, c'la me va bien.

J'attends que monsieur me réponde ;
Quoi ! rien ? ... vous n'êtes pas diffus.
Quoi ! pas un mot de plus, Joconde ? —
Ah ! madame, j'en suis confus ;
Mais aujourd'hui les gens du monde
Au mot unique en sont venus :
C'la ne va plus, c'la ne va plus.

L'ARRANGEMENT

AU PHYSIQUE ET AU MORAL,

VAUDEVILLE

Tout opposé au précédent, fait par ordre de la Cour.

Sur le même air.

Comtesse, allons, point de défaite,
Je vous le demande à genoux ;
Exprès pour moi vous êtes faite,
Et je suis fait exprès pour vous.
De moi vous serez satisfaite,
Vous verrez s'ils me valent tous ;
Arrangeons-nous, arrangeons-nous.

Mais, vicomte, je le desire
Autant peut-être et plus que vous ;
Et c'est exprès pour vous le dire

vous donne ce rendez-vous.
Mais un oment donc que j'admire !
Pourrai-je ?. . . . allons, je m'y résous :
Arrangez-vous, arrangez-vous.

Vicomte, vous êtes terrible ! —
Il est vrai ; mais, madame, vous,
Mais vous, vous êtes impossible. —
Monsieur, le compliment est doux ;
Mais il est sur vous réversible,
L'honneur est égal entre nous :
Arrangez-vous, arrangez-vous.

Aie, aie, où me suis-je engagée ?
Cela ne m'ira point du tout ;
Ah ! monsieur, je suis saccagée !
Vous n'en viendrez jamais à bout.
La comtesse étoit arrangée,
Et crioit encor d'un ton doux :
Arrangez-vous, arrangez-vous.

CHANSON A DANSER.

L'air a été fait pour la Chanson par La Garde.

Je n'euss' jamais laissé faire
Un autre que le curé ;
D'un autre que du vicaire
Je ne l'euss' pas enduré :
C'est la faute du vicaire,
C'est la faute du curé.

Le premier fut le vicaire.
Non, c'est, je crois, le curé ;
Si je l'sais, je ne l'sais guère ;
Mais ce fut contre mon gré :
C'est la faute, etc.

Ça me fit bobo, ma mère,
Pour un rien j'aurois juré ;
J'eus beau crier : queu manière

Pour un prêtre tonsuré !
C'est la faute, etc.

Respect de leur caractère,
Leur enfant m'est demeuré ;
Cet enfant est du vicaire,
Si ce n'est pas du curé.
C'est la faute, etc.

Sans ce diable de vicaire,
Et sans ce chien de curé,
J'épousais l'apothicaire,
Qui m'alloit bien à mon gré.
C'est la faute, etc.

CHANSON A DANSER.

Air : *Là-haut sur ces montagnes.*

A ton serviteur la Rose
Permettrois-tu, Serpilla,
De te baiser, je suppose,
Cette main que je tiens là ? —
N'est-ce que ça ?
C'est peu de chose :
Ce n'est rien qu'ça,
Va ton train, va.

Ta bouche couleur de rose
Est jalouse de cela ;
Te fâcheras-tu si j'ose
Y prendre ce baiser-là ? —
N'est-ce, etc.

Pour ce coup-ci je m'expose
Au refus de Serpilla ;
Souffriras-tu que la Rose

Baise ces deux jumeaux-là ? —
N'est-ce, etc.

Danserais-tu pour la Rose ?
Aurois-tu ste bonté-là ?
Si tu veux danser, dispose
Du flageolet que voilà. —
N'est-ce, etc.

Ah ! sacrediè, dit la Rose,
Elle me laisse, et s'en va ;
Croiroit-on qu'une fille ose
Dire à son amant cela ?
N'est-ce que ça ?
C'est peu de chose !
Ce nest rien qu' ça,
Restons-en là.

LE MUR MITOYEN

D'un Couvent, dont il convient pour la décence de boucher les trous.

VAUDEVILLE CLAUSTRAL.

*Sur l'*AIR : *De Jean de Vert, en France.*

MON mur est le mur mitoyen
Des dames Récolettes.
Par un trou j'entends l'entretien
D'une de ces poulettes.
Hier même, au père Adrien
Elle disoit d'un ton chrétien :
Ah! quel bon bien,
Père Gardien,
Quel bon bien vous me faites!

Vous culbutez, Père Adrien,
Par des preuves complètes,

Mes scrupules qui n'étoient rien
Que de vieilles sornettes.
Que ces preuves pénètrent bien
Un cœur tendre comme le mien!
Ah! quel, etc.

J'avois, avec un sot maintien,
Mes mains dans mes pochettes;
A présent je m'en sers fort bien
Au doux jeu d'amourettes;
Mais quoi ! par vos baisers!... ah! chien,
Ménagez... ne ménagez rien.
Ah! quel, etc.

Quel état divin que le mien!
Quelles douceurs parfaites!
Ah! Père, que vous êtes bien!
Restez comme vous êtes,
Parlez toujours, voyez combien
Je me prête à votre entretien.
Ah! quel bon bien,
Père Gardien,
Quel bon bien vous me faites!

COUPLETS DÉTACHÉS.

Sur un Air des Rues.

TONTON t'a donné rendez-vous ce soir,
Que de plaisirs, Toutain, tu vas avoir!
Toutain, mon Toutou, ton air et ton ton,
T'ont attendri le cœur de ta Tonton.
Tot, tot, tot, il est temps, Tonton t'attend,
Saisis l'instant
(Cet instant est tentant,)
Et fais tant, tant,
Que tu sortes content.

A cela Toutain répond d'un air doux:
Il faut trop jaser à ces rendez-vous.
Elle m'en a déjà donné plus d'un,
Et trop parler me devient importun.
Mardi dernier je lui parlai neuf fois,
Mercredi sept, jeudi cinq, hier trois;
Ce soir je dors, car je suis aux abois.

PORTRAIT
DE NOTRE ABBESSE.

AIR : *Des trembleurs d'Isis.*

Sur l'abbesse d'ici-contre,
Disons le pour et le contre,
Qu'un même couplet vous montre
Ses vertus et ses défauts ;
Tentons cet effort étrange,
Et que le juste mélange,
Du blâme et de la louange,
Ne tombe jamais à faux.

Complaisante,
Médisante,
Insolente,
Cajolante,
Et galante,
Et pénitente,

Aimant les hommes et Dieu,
Un jour prêchant l'écriture,
Un autre jour la nature,
Elle a pour toute lecture
L'Arétin ou saint Mathieu.

COUPLET DÉTACHÉ.

AIR : *L'on vous en ratissera.*

De tout le gibier, Fanchon
N'aime rien que le cochon,
Surtout devant une andouille,
Qu'aux Carmes l'on choisira,
Elle s'agenouille, nouille, nouille,
Elle s'agenouillera.

L'HONNÊTE FEMME,

ENNEMIE DU CLERGÉ.

AIR : *Toujours va qui danse.*

L'ABBÉ, si je ne me rends pas,
Vous savez bien pourquoi : c'est que
Vous voilà prêtre, et dans le cas
De devenir évêque ;
Déjà je vous en trouve la
Mine majestueuse,
Ne parlons donc plus de cela,
Je suis vertueuse.

Quand vous me promîtes un jour
D'abjurer vos séminaires,
Je vous accordai de l'amour
Tous les préliminaires ;

Vous auriez eu tout le surplus,
Sans cette robe affreuse:
Allez chanter vos *Oremus*,
Je suis vertueuse.

Oh! tenez-vous, monsieur l'abbé,
Je m'en vais prendre la mouche;
Vous m'avez encor dérobé
Ce baiser sur la bouche:
Cette façon de baiser là
Est trop voluptueuse;
Je ne veux plus souffrir cela,
Je suis vertueuse.

Ces libertés....je les bannis
Du ressort des gens d'église.
Comment! vos vilains doigts bénis
Tentent quelqu'entreprise!
Finissez ce petit jeu-là,
Il me rend furieuse;
Je ne veux plus souffrir cela,
Je suis vertueuse.

Il cesse, et c'est pour faire mieux !
Son impertinence augmente :
Celle qu'il me met sous les yeux
Est encor plus saillante ;
Il croit son idée en cela
Vraiment ingénieuse ;
Mais, l'abbé, je vous plante là,
Je suis vertueuse.

Je fuis !... ciel ! j'ai fait un faux pas ;
Ah ! le juif ! il en profite !
Comment me dérober des bras
De ce chien de Lévite ?
L'abbé ! de grâce ! holà ! holà !
La chose est monstrueuse !
Ah ! malgré moi que sens-je là ?
Je suis vertueuse.

VAUDEVILLE.

AIR : *Eh ! bon, bon, que le vin est bon !*

LE punch et le vin que j'ai pris
Viennent d'échauffer mes esprits.
Messieurs, point de chicanes.
Prêtez-vous à la déraison
Qui règne dans cette chanson
Pleine de coq-à-l'ânes (1) ;
Tout du moins j'y ramène au bout
Ce refrain d'un merveilleux goût :
Eh ! zon, zon, zon,
Que le vin est bon !
Buvons à nos Sultanes.

Tous nos savans sont convaincus
Que c'est le vin que dans Bacchus

---

(1) VARIANTE.

Turlututu ! chapeau pointu !
Laissez-moi faire un impromptu
Rempli de coq-à-l'ânes,
Pourvu que j'y ramène, etc.

Adoroit Erigone ;
En lui versant de son nectar,
On dit que ce dieu la prit par
Ce foible qu'on lui donne.
Ce fut le vin qui la troussa,
Elle en but tant qu'elle glissa,
En chantant : Zon,
Que le vin est bon !
Au vin je m'abandonne.

Souvent ma raison se soumet
A l'Alcoran de Mahomet,
J'en crois quelques passages.
Je crois à son chapitre dix,
Qui nous promet un paradis
Pavé de pucelages :
Mais je le trouve un sot enfant,
Ce prophète, quand il défend
De chanter : Zon,
Que le vin est bon !
Et d'en boire à tous âges.

Tenez, ceci vaut un sermon,
J'ai toujours aimé Salomon,

Salomon, dit le Sage,
Il buvoit sec et baisoit dru :
Que de prodiges l'on a cru,
Sur son concubinage!
Sur sept cents femmes il rouloit,
Et chantoit tant que l'on vouloit :
Eh! zon, zon, zon,
Que le vin est bon!
Il faut en faire usage.

Il eut dans son palais royal
Un lit fait en fer à cheval,
Qui cadroit à ses vues ;
Ce lit immense, à tous égards,
Offroit à ses chastes regards
Cent filles toutes nues ;
Quand sur l'une il prenoit son droit,
Les autres crioient : Le roi boit,
Et chantoient : Zon,
Trémoussez-vous donc,
Portez le prince aux nues.

Rangée en file, il mit, un soir,
Sur des draps de taffetas noir,

Cette blanche cohorte
Commençant par un bout, d'abord
Il fait le tour, il entre, il sort,
Il va de porte en porte,
Il ne fit aucun passe-droit :
Aussi crioit-on : Le roi boit,
Et chantoit-on :
Le roi Salomon
N'y va pas de main-morte.

Le rabbin qui m'a dit ceci,
Y mit la note que voici,
(Cette note est certaine) :
C'est qu'il ne fit pas cent exploits,
Mais qu'il n'en fit qu'un, cette fois,
Pour toute la centaine ;
Aussi la dernière du bout
Se pâma, criant : Le roi boit,
Et chanta : Bon,
Le roi Salomon
M'en a donné l'aubaine.

BRANLE A DANSER,

Revu, abrégé et purifié des obscénités trop fortes de l'original, par un Janséniste mitigé qui en a laissé de moindres.

AIR : *Du Curé de Pomponne.*

LE propre jour de Saint-Simon,
De Saint-Simon, Saint Jude,
J'étois, comme feu Robinson,
En pleine solitude :
Ah ! il me souviendra,
La rira,
De Saint-Simon, Saint-Jude.

Il me survint un gros garçon,
Maître-clerc d'une étude,
Qui, d'un air gai comme un pinçon,
Dit : Baise-moi, Gertrude.
Ah ! etc.

Il met la main sous mon jupon,
   Voyez la promptitude !
L'on ne peut trouver cela bon,
   Quoiqu'on ne soit pas prude.
   Ah ! etc.

Malgré sa force de Samson,
   Malgré ma lassitude,
Je m'entortille de façon,
   Que d'abord je l'élude.
   Ah ! etc.

Mais il avait de ce canton
   Une telle habitude,
Que, laissant tout à l'abandon,
   Je goûtai son prélude.
   Ah ! etc.

Je vis après, ce polisson
   En si fière attitude,
Qu'il m'enflamme en me montrant son
   Degré de longitude.
   Ah ! etc.

Depuis ce beau jour, ... étouffant,
N'est-ce que plénitude ?
Oh ! non, je porte un chien d'enfant ;
Ce paquet est bien rude !. . .
Ah ! il me souviendra,
La rira,
De Saint-Simon, Saint-Jude (1).

---

(1) Cette chanson est de M. de Crébillon, qui s'étoit amusé à y mettre les mots et les paroles. Je me suis amusé à les en ôter ; ce qui a donné lieu à une plaisanterie entre nous.

CHANSON

A l'usage des Femmes de la Cour, à la fin d'un Souper.

VAUDEVILLE.

AIR : *Je reviens exprès de Congo.*

L'AMANT, trop vif et sans art,
Part, part, part,
Sans qu'on puisse y prendre part;
C'est ne savoir pas vivre,
C'est là manquer d'égard :
Car, car, car
L'amant poli part plus tard.

Il emploie avant cela,
La, la, la,
Le précurseur que voilà,

Ce doigt, toujours honnête,
Qui prépare tout ça,
Va, va, va,
Avant que l'on entre là.

Un homme, un peu complaisant,
Sent, sent, sent
Qu'il est civil et décent
De bien limer sa dame;
Et le galand l'attend
Tant, tant, tant,
Q'ils partent au même instant.

VAUDEVILLE.

AIR : *L'aimable Dorine.*

CES jours derniers, notre abbesse
A son secours appela
Un enfant de Loyola a, a, a, a, a,
Qui, par pure politesse,
D'abord dans ses goûts entra, a, a, a, a, a,
Mais qui ne s'en tint pas là.

Alors criant, comme un aigle :
Père, ce n'est point par là ; —
Au contraire, c'est cela, a, a, a, a, a
Que nous défend notre règle,
Et moi, madame, voilà, a, a, a, a, a
Ma règle, et je m'en tiens là.

COUPLETS DÉTACHÉS.

AIR : *Cela m'est égal.*

QUE monsieur le Cardinal
Règle tout en Allemagne,
Qu'il dispose bien ou mal
Du trône de Charlemagne;
Si j'ai du vin de Champagne,
Cela m'est égal.

Moi, je suis impartial
Entre Florence et Cythère;
Pourvu qu'on loge Pascal,
Le reste m'importe guère :
Par-devant ou par-derrière,
Cela m'est égal.

AUTRE.

AIR: *Un peu de tricherie dans la vie.*

LE Con est fort bonne personne,
Je ne dis pas qu'on l'abandonne ;
Et non , non, non,
Foutons en Con.
Mais le Cu n'est-il pas bon homme?
Eh quoi ! ne le fout-on qu'à Rome?
Foutons en Cu , foutons en Con.
Un peu de bougrerie
Est dans la vie
Quelquefois de saison.

LA MARCHANDE DE CONS.

AIR : *Perdez, amans, dans ces moment.*

OPÉRA DE ZAÏDE.

Je vends des Cons,
Bruns, noirs et blonds,
Châtains-mêlés,
Gris-pommelés,
Rasés,
Frisés,
Barbus,
Crépus,
Tondus,
Dodus
Et peu fendus.

J'en ai d'unis,
A juste prix ;

D'autres, garnis
De clitoris,
Qui vont
Au fond,
Et vous le font.
Je vends, etc.

Je garantis
Qu'ils sont petits;
Et, dans tout temps,
Je les reprends,
Quand les gens
Les trouvent trop grands.
Je vends, etc.

LA MARCHANDE DE VITS.

Même Air.

Tout vis-à-vis,
Moi j'ai des Vits,
Toujours bandans,
Toujours dedans,
Des grands,
Des beaux,
Des gros;
J'en vends
Trouvans
Par fois
Les Cons étroits.

Mes Vits de ducs
Sont tous caducs;
Ces Vits galans
Sont mous et blancs.

Tenez,
Prenez
Ces basanés.
Tout vis-à-vis, etc.

En voulez-vous
A douze coups?
Moi, je m'en sers;
Mais ils sont chers,
Et faits pour
Nos grands Cons de cour.
Tout vis-à-vis, etc.

COUPLET DÉTACHÉ.

*Sur l'*AIR: *Dondaine, dondaine.*

MONSIEUR dit des bons mots souvent;
Mais Monsieur bande rarement.
Monsieur a de l'esprit; j'en suis
Bien aise, bien aise.
Mais comme la peste je fuis
Un bande à l'aise.

PARODIE

De la Musette des Talens lyriques arrangée pour les Religieuses de Longchamp.

(Voyez page 79.)

Le trait est noir!
Après le neuvième on me rate!
Quoi! ne pouvoir
Foutre du matin jusqu'au soir!
Dans son boudoir,
Ainsi se lamentait Agathe.
Quoi! ne pouvoir
Foutre du matin jusqu'au soir.

O nature ingrate!
C'est en vain qu'un con se flatte.
O nature ingrate!
Les vits ne sont pas toujours droits;
Je paierois,

Pour avoir un vit automate,
A Vaucanson,
Tout ce qu'il voudroit de façon.

A quoi diable il applique
Sa chienne de mécanique!
Que l'innocent fabrique,
Au lieu de son méchant flûteur,
Un bon fouteur,
D'un beau moule et bien élastique.
Nos mirliflors,
Vaudroient-ils cet homme à ressorts?

VAUDEVILLE.

AIR : *Le Seigneur Turc a raison.*

MESSIEURS, quittez vos laquais,
Et les sentinelles ;
Et vous, pages vifs et frais,
Retournez-vous pour les belles,
Et rentrez tous au giron
De notre église du con,
Malheureux infidèles !

Je ne dis pas pour cela
Qu'on quitte Sodome.
Je permets, par-ci, par-là,
Qu'on puisse foutre son homme,
Mais je tiens qu'il est brutal
D'en faire son capital,
Comme l'on fait à Rome.

Pour dérouter mon amant
Du goût qui l'attache,
De son Giton prudemment
Je prends quelquefois la tâche,
Quoiqu'il soit bien dur au con,
Qu'on foute son compagnon,
Jusque sous sa moustache.

COUPLET DÉTACHÉ.

AIR: *Tant que Margot fut au Village.*

Dom l'Enculeur et Dom Maurice,
outent tous deux madame Anroux,
s desservent ce bénéfice,
ifféremment, suivant leurs goûts?
e craignez qu'un des deux permute,
'un en con, l'autre en cu la fout;
Chacun a son trou,
Point de dispute,
Chacun a son trou.

VAUDEVILLE.

AIR : *J'le prêt'rai mon manchon, migno*

MON vit est un grand philosophe,
Et j'ai beaucoup à m'en louer;
A des cons de certaine étoffe
Il ne veut jamais se jouer.
Il fuit surtout ceux des femmes titrées,
Dont les véroles sont ambrées.
Mon vit mignon!
Tu n'y perdras rien, mon garçon;
Je te donnerai du concon (1),
Bien bon.

Si j'aime beaucoup mon vit, c'est qu
L'estime fonde cet amour.

(1) *Concon*, mot nouveau fait sur celui de *bo* *bon*. On se flatte qu'il passera en faveur de douceur et de son indécence.

Voici le quatrième évêque
Qu'il refuse en un même jour ;
est coniste, et vous pouvez m'en croire,
Plus qu'un père de l'Oratoire.
Mon vit, etc.

Un nonce du pape, un peu mièvre,
Du temps que mon vit bandoit bien,
Me mit à même de sa chèvre,
Et mon Caton ne lui fit rien.
é préférence il s'est toujours, mesdames,
Coiffé de cons d'honnêtes femmes.
Mon vit, etc.

ROMANCE OBSCÈNE.

Air : *Un jour le malheureux Lisandr*

Messieurs, prêtez attention,
Et vous aussi, mesdames, parce
Que je vais dire une chanson
Que j'ai faite sur une garce,
Dont les mouvemens indécens
Auroient pu ranimer les sens
Et du plus vieux, et du plus grave.
Si son esprit l'eût arrêté,
Elle eût mis en rut le Conclave,
Et fait bander sa Sainteté.

Elle demeure à Rome encor,
Auprès du couvent des jésuites;
Je crus que sa beauté d'abord
Convertiroit ces Sodomites.

J'étois jeune quand je la vis,
Je lui plus et je la foutis :
Elle étoit impudique et belle ;
Je voudrois encor la tenir.
Ah ! je sens qu'en vous parlant d'elle,
Je décharge de souvenir.

Par elle maint bougre avéré
Revint au con, témoin mon frère,
Et le bardache *à latere*,
Qu'avoit pour lors notre saint père.
Elle mit le saint Agathon,
Pour toute nourriture, au con ;
Mais apprenez sa honte ensuite,
Et comme elle échoua devant
Le vit superbe d'un jésuite,
Le moins bougre de son couvent.

Elle s'y prit d'une façon,
Qui pourra paroître indécente ;
Mais qu'elle soit décente, ou non ;
Elle n'en est pas moins plaisante.

Comme elle avoit beaucoup d'esprit,
Au Jésuite elle découvrit
Un cu de ſort belle apparence ;
Et pour lui paroître un Giton,
Cachoit bien à sa Révérence
Au moins les trois quarts de son con.

D'abord il ne vit que le cu,
Qui lui parut blanc comme neige.
En contemplant ce gros jouflu,
Il crut être dans son collége ;
Mais sitôt qu'il eut le soupçon
Que ce cu recéloit un con,
Il débande, et dit en lui-même :
Ah ! j'allois comme un étourdi,
Dans mon aveuglement extrême,
Me camper près de l'ennemi.

Ciel! poursuit-il, quand est-ce qu'on
Pourra désabuser le monde
De ſoutre ces bêtes à con,
Des animaux le plus immonde?

Ah! dans toute la chrétienté,
Il faut que la société
Envoie des missionnaires,
De saints apôtres de l'anus,
Qui, tirant les vits des ornières,
Prêchent l'évangile des cus.

Quoi! dit-elle, Philotanus,
Je n'ai pu te rendre Coniste!
Petit compagnon de Jesus,
Tu veux trancher du Conclaviste!
Mais il faut, Sodomite impur.
Que je te mette au pied du mur!
Si ta fausse délicatesse,
Contre les cons t'a prévenu,
Ayez au moins la politesse,
Plat bougre, de me foutre en cu.

Tandis qu'elle disoit cela,
Pour reprendre ses exercices,
Mon vilain bougre étoit déjà
Dans le cu d'un de ses novices.

Laissons-l'y, chrétiens auditeurs;
Et mandons à tous nos fouteurs,
Fussent-ils un peu plus à l'aise,
De prendre au con seul leurs ébats;
Les femmes de ce diocèse,
Je crois, ne m'en dédiront pas.

COUPLET DÉTACHÉ.

AIR : *C'est là ce qui m'étonne.*

Que dom Frappart, à l'aise entre deux draps,
Dans l'ardeur de la canicule,
En fasse six à sœur Ursule,
Cela ne me surprend pas;
Mais que quittant cette fringante nonne,
Cinq fois encor ce bernardin
Encule, au fond de son jardin,
Un bougre fait comme Bardin,
C'est là ce qui m'étonne.

ANCIENNE AVENTURE

Mise en deux couplets, il y a trente ans, sous le règne du feu roi.

AIR : *Messieurs, prêtez attention.*

Que devient, me disoit Duras,
Notre abbesse de Lille en Flandres,
Que j'attaquai le mardi gras,
Que j'eus le mercredi des cendres?
Comptons le temps de nos amours.
Toi, l'abbé, tu l'eus quatre jours;
Mais moi de sa constance extrême
Je fus plus long-temps affligé;
Ce ne fut qu'à la mi-carême
Qu'elle me donna mon congé.

De cette fille de Sion,
Monsieur le duc veut des nouvelles?
D'elle et de sa dévotion,
J'en vais, pardieu, dire de belles :
Le lundi de la passion,
Il nous vint une mission;
C'étoient six jeunes lazaristes,
A voix tonnante, à noirs sourcils,
Et de ces six évangélistes
Notre abbesse n'en prit que six.

LES COMM'ÇA.

AIR : *Tarare, pon, pon.*

C'EST approchant comm'ça,
Vers novembre,
Ou décembre,
Que, sous un rideau, sa
Sœur me cacha comm'ça ;
En entrant dans sa chambre,
Flora dit : Ah ! pour ça,
Ah ! l'abbé, sent-on l'ambre
Comm'ça ?

La Dulac est comm'ça,
Réplique
L'abbé R'lique ;
Mais son ambre a cela,
De me rendre comm'ça.
Abbé, dit-elle, unique !
L'on ne vit Sonica,
Qu'un ecclésiastique
Comm'ça.

Je ne suis pas comm'ça
Si preste,
Malepeste!
Mon mari jaloux m'a
Mise en cage comm'ça:
La ceinture funeste,
Que vous me voyez là,
Vous interdit un geste
Comm'ça.

Je n'ai rien vu comm'ça,
Le traître!
Dit le prêtre.
Ce chien de mari-là,
Gêner un cœur comm'ça!
Sans que j'en sois le maître,
Cette vue a déjà
Fait que j'ai cessé d'être
Comm'ça.

Une histoire comm'ça,
Dit la belle,
Est nouvelle.

Quel tour plaisant c'est là !
L'abbé, j'en ris comm'ça.
L'abbé, riant comme elle,
Fait ses adieux, s'en va,
Et laisse la pucelle
Comm'ça.

COUPLET DÉTACHÉ.

AIR : *Vous vouliez, monsieur mon neveu.*

Pour moi je ne suis point jaloux,
Disoit le froid Thérame,
Je voudrois que quelqu'un de vous
Se chargeât de ma femme.
Ton affaire est faite, mon roi ;
Puisqu'elle t'incommode,
Va, je prends ta femme sur moi,
La posture est commode.

VAUDEVILLE

Composé, en 1773, sur les Courses de M. le Dauphin et de Madame la Dauphine, à Paris.

AIR : *Cela reviendra*, ou bien, *Ils y reviendront.*

Sur vos pas, élégante Dauphine,
Nous courons ici comme des fous;
Venez souvent voir Carlin, Argentine,
Arnoud, Lekain, Doligny dans Nanine :
C'est bien fait à vous.

Vos regards ont conquis dans la ville
Tous les cœurs, et c'est bien fait à vous,
En vous offrant sur l'air d'un vaudeville,
Un encens pur qui n'a rien de servile :
C'est bien fait à nous.

Nous disons tous : elle est adorable,
Ses yeux sont majestueux et doux;
Ne craignant pas d'être moins respectable,
Vous avez pris le parti d'être aimable;
C'est bien fait à vous.

Des peuples nous sommes le plus tendre,
Nous vous aimons, vous et votre époux;
Vous avez dit: par l'ame on peut les prendre,
Et vos deux cœurs à nous se font entendre:
C'est bien fait à vous.

Pour vous la France est toute enflammée,
Et voit quels sont vos projets sur nous;
Vous desirez d'être un jour surnommée,
Marie-Antoinette la bien-aimée:
C'est bien fait à vous.

Ce surnom devient héréditaire;
Ce sera celui de votre époux,
C'est celui de madame votre mère,
Et ce sera le vôtre aussi, j'espère:
C'est bien fait à vous.

POUR MAD. LA DAUPHINE,

Sur un paysan d'Achères qu'un cerf avoit blessé à la chasse, et dont il avoit fait la fortune par ce moyen un peu violent.

Que de l'argent on ne fasse aucun cas,
Et qu'une ame un peu charitable
De loin secoure un misérable,
Cela ne me surprend pas ;
Mais qu'une jeune, une auguste personne,
Se rapproche des malheureux,
Et pleure avec eux et sur eux,
C'est là ce qui m'étonne ;
C'est là ce qu'on honore,
C'est là ce qu'on adore.

POUR UN PETIT THÉATRE.

*Sur l'*AIR : *Quand la Mer Rouge apparut.*

Nous n'aimons point en ces lieux
Les mélancoliques,
Et nous n'aimons guère mieux
Les esprits critiques ;
Soyez fous vifs et fous gais,
Fous doux et fous gaillards ; mais
Foin de ces fous, fous, foin de ces tri, tri
De ces fous, de ces tri, foin de ces fous tristes
Pires que jésuistes.

AIR : *Permettez, Astre du jour* (des Indes Galantes.)

PERMETTEZ, grand Duchauffour,
Qu'en blâmant vos feux nous chantions d'au
[tres flammes ;
Laissez-nous, grand Duchauffour,
L'amour pour les femmes
Et suivez l'autre amour.

Vous, messieurs, qui suivez ses pas,
Trouvez des appas
Dans les beaux sentinelles,
Arrachez-vous les laquais,
Laissez-nous les belles,
Et signons la paix.
Permettez, etc.

MENUET DU SYLPHE.

Plus je vis avec vous, Sylvie,
Plus je sens croître mon amour;
Le terme même de ma vie
Est un terme à mes feux trop court,
J'aime et j'aimerai toujour :
Dans l'autre vie,
Si l'on l'aime encor,
J'aimerai Sylvie
Après ma mort.

Air : *De mon Berger volage.*

Iris, mon cœur s'apprête
A te faire en mes vers
Un bouquet pour ta fête ;
Entends mes doux concerts ;
Le tribut légitime

Que je dois en ce jour
Est fondé sur l'estime
Et payé par l'amour.

Le cœur d'un galant homme
Et les traits de Cypris,
En deux vers voilà comme
Je te peins, mon Iris.
Quel bonheur l'on éprouve,
Quand les dieux ont permis
Qu'en sa maîtresse on trouve
Le plus sûr des amis !

AIR : *Ah ! l'heureux Pélerinage.*

LA nature libérale
Me fit, à mon jour natal,
Présent du fuseau d'Omphale,
Et je n'en file pas mal.
Notre grande maréchale,
Le tournant un soir au bal,
Me dit : Il n'est pas trop mal,

Pas si mal, pas mal, pas mal, pas mal,
Sortons vîte de la salle.

L'on reproche à ma Lucelle
D'avoir l'air fort sensuel,
Le goût de la bagatelle,
Le ton trop spirituel ;
Mais elle a la gorge belle :
Et le point essentiel,
C'est que l'anneau d'Hans-Carvel,
Chez Lucelle,
Est tel, est tel, est tel,
Qu'on la croit toujours pucelle.

Son second tome Cécile
Que j'eus le dernier d'avril,
Fut facile et difficile ;
J'eus peine à prendre le fil :
D'ailleurs cette nymphe agile
Fait maint et maint saut subtil,
Au lit c'est un si gentil,
Si gentil cabril, cabril, cabril,
Qu'il vous jette à croix ou pile.

Quand d'assaut nous prîmes Dole
Sur le monarque espagnol,
La vivandière Nicole
Crioit au fort du viol:
Où diable est ma camisole,
Ma croix, mon mouchoir de col,
Hélas! St. Pierre et St. Paul,
Et St. Paul, St. Paul, St. Paul, St. Paul,
C'est fort drôle! on me viole.

Dans Alep, madame Ursule,
Femme de notre consul,
Se fait encore un scrupule
D'avoir eu monsieur de Brulh.
Quoi! dit-elle, il fait l'Hercule,
Et borne à cinq son calcul.
A mes yeux un homme est nul,
Je dis qu'il est nul, est nul, est nul.
Quant au sixième, il recule.

VAUDEVILLE DU DERVIS,

OPÉRA COMIQUE.

AIR : *Du dernier Vaudeville des Pélerins de la Mecque.*

OMAR.

Sur nous on voit le tonnerre
Faire un différent effet ;
Mais l'on n'en profite guère,
Comme ce dervis a fait.
Quand son bruit trouble la terre,
Abdalla rit de ses coups,
Met à profit son courroux,
Médite des coups plus doux, plus doux,
Amenés par le tonnerre.

ACHMET.

Pour un gros coup de tonnerre,
Un jour j'en ons mal agi,

Et j'mîmes fort en colère
La femme d'un Bostangi.
Ce coup m'jetit plat par terre,
Ce fut un malheureux coup !
La peur prit sur moi beaucoup.
Queu coup ! ah ! queu coup ! queu coup !
[queu coup !
Queu chien de coup de tonnerre !

FATMÉ.

C'est la frayeur du tonnerre,
Qui, dans les bras de Lindor,
Jette Cloris qui le serre,
Le serre et le serre encor.
Lindor n'étoit pas de pierre,
Il s'enflamma tout d'un coup,
Il aide à la peur beaucoup.
Quel coup ! ah ! quel coup ! quel coup !
[quel coup !
Quel heureux coup de tonnerre !

ZALA.

Je dois la vie au tonnerre,
A cet effet du hasard;

Maman fut trouver mon père,
Lequel faisoit lit à part;
Sa peur fut pourtant légère,
Il ne tonna pas beaucoup,
Il ne fit qu'un petit coup,
Qu'un coup, qu'un seul coup, qu'un coup,
[qu'un coup,
Qu'un petit coup de tonnerre.

OMAR.

Malgré la loi du Prophète,
Ma sultane aime le vin;
Nous savourons, en cachette,
Ce nectar doux et divin:
Nous commençons notre histoire
D'abord par de petits coups,
Tout doux, mais tout doux, tout doux,
Et puis les grands coups, grands coups,
[grands coups.
Voilà comme l'on doit boire.

AIR : *Tout est dit.*

QUAND la moindre chose intéresse,
Qu'on se rend des soins empressés,
Que l'on vit ensemble sans cesse,
Et qu'on croit n'y pas vivre assez ;
Quand Iris vous paroît toujours plus belle,
Qu'elle vous voit plus aimable, à son tour,
Cela s'appelle
De l'amour.

Pour avoir des femmes du monde,
On perd trop de soins et de temps ;
Et puis il faut qu'on se morfonde
A guetter de certains instans :
J'aime mieux payer une demoiselle
Qui me montre, à ma maison du faubourg,
Ce que j'appelle
De l'amour.

Trouver une ame généreuse,
Qui vous rend vos deux cents louis ;
C'est avoir la main bien heureuse,

Ou des talens bien inouis.
Continuez vos miracles pour elle,
Faites-lui voir, à chaque heure du jour,
Ce que j'appelle
de l'amour.

Par une aveugle confiance,
Ne pas se perdre follement,
Employer toute sa science
A bien connoître son amant;
Mais quand l'amant est honnête et fidelle,
S'y confier, s'y livrer sans détour;
Cela s'appelle
De l'amour.

Pour être un héros en tendresse,
Ou du moins pour passer pour tel,
D'un ami prendre la maîtresse,
En aller voler sur l'autel (1);

---

(1) VARIANTE.

Se trouver vieux dès sa jeunesse,
Etre fat et plein d'agrément,
Sans rien sentir parler sans cesse
De tendresse et de sentiment.

Sur le solide et sur la bagatelle
Tromper toutes les femmes tour à tour,
Cela s'appelle
De l'amour.

Se prendre et se quitter sans cause,
S'arranger par désœuvrement;
Enfin, pour faire quelque chose,
Changer, tous les huit jours, d'amant
Avant ce temps, souvent être infidelle :
N'est-ce pas là dans le monde, en ce jour,
Ce qu'on appelle
De l'amour?

DIALOGUE

ENTRE JULIEN ET SA BERGÈRE.

AIR : *Buvons à nous quatre.*

« AH ! ma bergère, permettez, souffrez
Que je vous expose,
Dans cet entretien,
Ce que veut de vous Julien.
« En vérité, en vérité,
C'est bien peu de chose,
Ce n'est presque rien.
« Tenez, ce n'est tant seulement que
« la fleur qui est là, au milieu. . . .
« de votre corset.
Je veux cette rose ;
Est-il un moyen
D'obtenir de vous ce bien ?
« Pourriez-vous me refuser ?
C'est si peu de chose !
Ce n'est presque rien.

14

« Ma rose, dea !
Oh ! dame, ma rose !
Ma mère, Julien,
M'a tant dit : Garde-la bien !...
« Bon ! elle ne s'en apercevra pas,
C'est si peu de chose,
Ce n'est presque rien.
« Croyez-vous qu'elle n'y regardera
« pas ? sauf à être grondée.
Mais mon cœur dispose
En faveur du tien,
De cette rose, Julien ;
« Je t'aime tant, tant, que, pour mon
« amour,
C'est bien peu de chose,
Ce n'est presque rien.

Je mets fin, pour cause,
A cet entretien ;
Ma chanson, on le voit bien,
Est fort peu de chose,
Ce n'est presque rien.

BRANLE.

Air : *Un peu de tricherie dans la vie.*

Ainsi l'a décidé ma tante :
Entre les cinquante et soixante,
L'on doit cesser
De tant danser.
Mais ma femme, beaucoup moins sage,
Décide qu'on danse à tout âge,
Qu'il faut sauter, se trémousser ;
Tant qu'on a de la jambe,
Qu'on est ingambe,
L'on fait bien de danser.

Depuis qu'on fait danser, en France,
Le cotillon sans fin, je pense
Qu'on peut cesser
De le danser.
Mais le cotillon est commode,
Il sera donc toujours de mode.

Il faut sauter, se trémousser,
Tant qu'on a, etc.

Du temps du feu roi, dans la danse,
Ils gâtoient tout par la décence;
Faut s'en passer,
Pour mieux danser :
Ils avoient de mornes danseuses;
Nous avons de vives sauteuses.
Il faut sauter, se trémousser,
Tant qu'on a, etc.

Lorsque l'on danse avec les autres,
On confond leurs pas et les vôtres;
Je veux cesser,
Moi, d'y danser.
Mais si je puis, cette soirée,
Avoir une petite entrée,
Je vais sauter, me trémousser;
Quand on a de la jambe,
Qu'on est ingambe,
L'on fait bien de danser.

VAUDEVILLE.

Composé en 1773, à l'occasion du procès de M. Caron de Beaumarchais, dont le jugement a révolté l'Europe entière.

L'on doit pourtant quelque reconnoissance aux gens du Parlement établi par le bien-aimé chancelier de Maupeou; ils ont établi une branche de commerce inconnue à l'ancienne robe. Ils vendent publiquement la justice et à bon compte. Il en coûte plus cher dans les bureaux de M. de la Vrillière: aussi sommes-nous témoins de la prodigieuse fortune qu'a faite dans ce commerce la grosse négociante Sabattin, dite marquise de Langheac.

AIR : *Cela reviendra.*

Le commerce, au gré des politiques,
Augmente et s'étend plus qu'autrefois;
Nos tribunaux deviennent des boutiques
Où l'on reçoit des enchères obliques
Pour vendre nos droits.

Plaideurs, vos tables seront frugales;
Nos Dandins nouvèaux les règleront.
Lorsque Thémis, par ses lois libérales,
Veut que ses charges ne soient plus vénales,
Ses juges le sont.

Est-ce employer des termes trop aigres,
Que de dire de nos magistrats ?
Ces marchands nous vendront comme des
[nègres;
Et leur commerce, en nous rendant plus
[maigres,
Les rendra plus gras.

LE MOINE DE CITEAUX.

CONTREDANSE.

AIR : *De l'Allemande Suisse, contredanse.*

DANS un bon lit,
Sœur Judith
Et dom Joseph
Se trouvoient mieux que dans leur nef.
Moi, par un trou
De mur où
Je voyois tout,
Je pensai crier tout d'un coup :
Chou !

Je me contins,
Me retins,
Et voulus
Voir s'extasier deux élus
Nus.

Ils préludoient,
Se baisoient,

Se taisoient,
Quand la sœur ne dit pas pour rien :
Chien !

La nonne alors
Rend transports pour transports,
Et d'abord
Pince le Père et le mord
Fort.

Lui s'allumoit,
S'enflammoit,
Et juroit
Tout adroit,
Lorsqu'en se pâmant Judith
Dit :

Ah ! tu prononces les mots
Sacramentaux
De Cîteaux
A propos !
Mais répète encor, Joseph,
Je sens que tu rends trop bref
L'F.

LE CÉLESTIN.

AIR : *du Menuet Italien.*

Un jeune Célestin,
Vif comme un lutin,
Qu'un rien met en train,
Mieux que son lutrin,
Revirant Catin,
Fait le service dès le matin.
Il n'a pas le caquet
D'un freluquet,
Ni l'air indiscret
Qu'a ce dameret ;
Mais sûr de son fait
Le sournois bientôt sait,
En gardant le tacet,
Aller jusqu'à sept.

Pour ce maître Gonin,
Mainte nonnain,

File toile de lin
Très-fine, afin
Que le moine noir
Vienne sur le soir
Montrer son pouvoir
Dans leur dortoir.

Convenons, amis, qu'il n'est
Moine plus parfait
Pour aller droit au =
Convenons, amis, qu'il n'est
Moine plus parfait.
L'Ordre va lui décerner le rang de préfet
Au jeu d'amour comme au buffet;
Convenons, amis, etc.

Faut-il briller dans un festin?
Faut-il boire et soutenir le vin?
Silène que buveur on nous peint,
Près de lui n'est qu'un pauvre saint.
Il passe la nuit parmi les pots,
Baiser et boire est son repos.
Il égale par ses vertus
Et Priape et Bacchus.

Un Enchanteur, jaloux d'une princesse qui ne l'aime point, la surprend avec son rival autrement que debout. Pour se venger, il les attache dos à dos, et sur une base qui tourne toujours. La princesse et son amant chantent alternativement deux vers des couplets suivans qui sont :

Sur l'Air : *En buvant la tête me tourne.*

Faudra-t-il que toujours je tourne,
Tourne, tourne
Autour de l'objet de mes vœux ?
Permettez que je me retourne,
Tourne, tourne,
Ou retournez-la, justes Dieux !
A l'Enchanteur qui nous tourne
Et retourne,

Notre amour déplut;
Plus le cruel nous tourne
Et nous retourne,
Moins nous arrivons au but.

O déesse qui toujours tourne,
Tourne, tourne!
O fortune, adoucissez-vous!
A la fin la tête nous tourne,
Tourne, tourne.
Fortune! hélas! retournez-nous.
Dans quels malheurs le dieu d'amour en-
[fourne
Fourne, fourne,
Deux tendres amans!
Que nous perdons depuis que l'on nous
[tourne
Tourne, tourne,
De momens, d'heureux momens!

MA DÉVOTE.

VAUDEVILLE.

Par Frère Jean des Entomeures et moi.

AIR : *Tout consiste dans la manière.*

LES combats de la jeune Hortense
Ont quelque chose d'amusant ;
Vous la voyez, dans sa défense,
Accorder tout en refusant ;
Sage et folle, cruelle et douce,
En ce moment,
Ma dévote attire et repousse
Son amant.

J'aime ses tendres négatives,
Elles m'ont toujours réjoui,
Ce sont autant d'affirmatives ;
Un *non* dans sa bouche est un *oui*,
Sage, etc.

C'est la pudeur qui la tracasse,
Mais l'amour la rend au desir ;
Elle s'indigne de l'audace,
Mais l'audace lui fait plaisir.
Sage, etc.

Lui faites-vous voir quelque chose ?
Elle en détourne le regard.
Pleure de dépit, puis elle ose
Rire avec vous de votre écart.
Sage, etc.

Enfin après s'être rendue,
Elle me dit avec fureur :
Monstre ! c'est toi qui m'as perdue.
Mon ami ! tu fais mon bonheur.
Sage, etc.

Son confesseur, M. Bridoie,
Tous les ans trouble mes amours ;
Pâques vient et suspend ma joie ;
Mais c'est l'affaire de huit jours.
Sage et folle, etc.

LE *DIES IRÆ*, *DIES ILLA.*

Vaudeville nouveau fait pour être chanté avec le De Profundis *de M. de Lalande, et servir de divertissement au drame ancien du comte de Comminges, le Cinna du genre sombre qui doit être représenté ces jours-ci dans une société de bons réjouis (chez le prince de Guémenée).*

(*Le comte de Comminge.*)

Jour de colère ! jour affreux !
Jour où deux amans malheureux !
A la Trappe expirent tous deux.

(*Le même.*)

A la Trappe ayant fait mes vœux,
Ma belle prend l'habit chez eux.
Quel fond d'intrigue est plus heureux

(*L'auteur du drame, d'un air railleur.*)

Des dramatistes écoliers,
Ou sur les mœurs moins réguliers,
Mettroient la scène aux Cordeliers.

(*L'amante, d'un ton de fausset.*)

Qu'à ce drame tout fonde en pleurs;
Que ce drame ait ses larmoyeurs,
Des gens de goût, des fossoyeurs.

(*L'abbé de la Trappe, basse-contre.*)

L'on peut s'amuser du trépas,
Les cimetières ne sont pas
Sans agrémens et sans appas.

(*L'auteur du drame, d'un air méprisant.*)

Nos tragiques des temps derniers
N'eussent pas osé, ces âniers,
Placer la scène en des charniers.

(*L'amante, avec sentiment.*)

Pour déchirer le cœur d'abord,

Est-il de plus puissant ressort
Qu'une belle tête de mort ?

(*Duo de l'amant et de l'amante.*)

Que du fond de son monument,
La trompette du jugement
Ramène à { mes / tes } pieds { mon / ton } amant.

Neuvième et dernier couplet que tous les spectateurs chantent à grand chœur et de grand cœur.

Ce drame glaçant et glacé,
Dès sa naissance est trépassé.
Un *Requiescat in pace . . . Amen !*

LE PUCELAGE

CONQUIS AVEC DES ÉGARDS,

Et concédé avec naïveté, sur le même air jovial : Dies iræ, dies illa.

JOUR de plaisirs ! jour de douleurs !
Où j'obtins la reine des fleurs
Parmi les ris, parmi les pleurs.

Ma rose Rose se nommoit,
Je l'adorois, elle m'aimoit,
Même desir nous consumoit.

Belle fleur, je te vois pâlir,
Lui dis-je, et de peur tressaillir
Quand je suis prêt à te cueillir.

Oui, répond-elle à basse voix,
Mon ami, la première fois,
On dit qu'on s'y pique les doigts.

Je ne crains rien : toi, sois sans peur ;
Je sais, en délicat vainqueur,
Et prendre et ménager un cœur.

Haie! haie ! holà !...non !...je me tais...
Poursuis toujours !... ouf !... non jamais !
Attends!...—j'arrête...—allez !...—je vais.

Ma Rose avoit de la gaîté :
Après quelque autre cri jeté,
Le reste en riant fut traité.

Enfin tout s'est fort bien passé,
Son Pucelage est trépassé,
Un *Requiescat in pace*... *Amen !*

L'ALLELUIA,

VAUDEVILLE NOUVEAU.

Dieu merci! me voilà tiré
Pour jamais du *Dies iræ*,
Et la gaîté me ramène à — l'alleluia.

L'alleluia, ce chant joyeux,
Etoit le guai-guai des Hébreux.
A Jérémie on opposa — l'alleluia.

C'est pour le français sans chagrin,
C'est pour lui qu'est fait ce refrain.
Dans tous les cas il chantera — l'alleluia.

D'impôts on le surchargera,
Monsieur l'abbé Terray viendra.
Qu'importe? il chanteronnera — l'alleluia.

Une épouse le trahira,

Un ami la lui soufflera.
Chez Laïs il entonnera — l'alleluia.

Sans trop se fâcher de cela,
Femme qu'un mari laissera,
Avec un amant chantera — l'alleluia.

Autrefois l'on s'en fâchoit; car,
Alors qu'Abraham prit Agar,
Eut-on fait chanter à Sara — l'alleluia?

SUR CERTAINS INSURGENS.

VAUDEVILLE NOUVEAU,

De la façon du jeune duc de trois étoiles.

AIR : *Des revenans.*

LE diable emporte l'Angleterre!
L'ennui de parler de leur guerre
Met sur les dents.
Comment espérer qu'on en sorte?
Oh! parbleu! que le diable emporte
Les Insurgens.

La paix peut calmer l'Amérique;
Mais notre guerre de musique
Et pour nos chants,
Se renouvelle à chaque maître,
Contre Gluck, Piccini fait naître
Des Insurgens.

Les Gluckistes, les Piccinistes
Ayant triomphé des Ramistes,
En braves gens,
Au bas du Pinde où sont leurs bouges,
Se font la guerre à boulets rouges
En Insurgens.

Mes chers créanciers, mon grand-père
Qui vit et qui me désespère
Depuis dix ans,
Une riche tante éternelle,
C'est encor là ce que j'appelle
Des Insurgens.

J'étois près d'avoir la danseuse,
Cette merveilleuse morveuse
De quatorze ans;
Le feu s'y met, on me l'enlève,
Et l'argent contre moi soulève
Des Insurgens.

J'en sens quelque dépit dans l'ame,
Et je prends une honnête femme

En enrageant :
A peiné l'affaire se lie,
Que son mari fait la folie
D'être Insurgent.

Un mari jaloux qu'on rencontre,
En France est un fou qui va contre
Le droit des gens :
Comment, après des faits semblables,
N'envoyer pas à tous les diables
Les Insurgens?

LES DIFFÉRENCES DES CARACTÈRES

MIS EN OPPOSITION,

Essai de vaudeville que l'on laisse à continuer.

AIR : *Cela reviendra.*

Rose est une bonne créature,
Sans esprit, pleine de bonne foi;
Rose l'ignore, elle a l'ame si pure
Qu'elle a rempli le vœu de la nature,
Sans savoir pourquoi.

Lucinde a tout une autre tournure,
Son caprice est son unique loi;
On lui voit prendre un fat à l'aventure,
Un intendant, ou quelque autre figure,
Sans savoir pourquoi.

Lise a peur que l'Encyclopédie
Ne l'accuse d'avoir de la foi :
Contre le ciel jasant comme une pie,
A toute force elle veut être impie,
Sans savoir pourquoi.

Mais Brigitte a toutes les croyances;
Il faudroit qu'on éclairât sa foi;
Elle croit aux agnus, aux indulgences
A son pape infaillible, à ses dispenses,
Sans savoir pourquoi.

Autre couplet où le Pape n'est pas compromis; on choisira des deux.

Mais Brigitte a les défauts contraires;
Il faudroit qu'on éclairât sa foi :
On la voit croire à nos faux légendaires,
A nos sorciers de convulsionnaires,
Sans savoir pourquoi.

Sait-on ce qu'on fait dans cette ville?
Non, ma foi; moi tout le premier, moi,
J'essaie encore et d'une main débile
A soixante-dix ans un vaudeville,
Sans savoir pourquoi.

LE NOBLE ET GALANT

COIFFEUR DE FEMMES,

Garçon qui a quelque éducation et quelque fatuité.

AIR : *La petite Lise veut que je la conduise.*

Amis, j'accommode
Les femmes à la mode ;
Le grand art des coiffeurs
Les rend maîtres des cœurs.

Mes bonnes fortunes
Ne sont pas communes
Femmes qu'on peut voir,
Femmes qu'on peut avoir.

Filles de théâtre
Que Paris idolâtre,
Surtout à l'Opéra,
C'est à qui me prendra.

J'ai d'autres pratiques
De femmes moins publiques,
Qui, sans faire florès,
Ont des attraits plus frais.

Ce sont des volières
De nos ouvrières,
De minois gentils
Que l'on coiffe *gratis*.

Au fer je le passe,
Et mon cœur se délasse
Par ces objets nouveaux
De plus nobles travaux.

Je donne la grâce
Aux rubans que j'enlace;
Mes boucles ont le tour
Des boucles de l'Amour.

L'objet que j'arrange
Est beau comme un ange;
Quand j'y mets la main,
C'est un objet divin.

Une beauté vaine
Me sait gré de ma peine,
Et je prends, quand je veux,
Les cœurs par leurs cheveux.

Avec quelque audace
Où je mets de la grace,
Je réussis gaiment,
Et sans savoir comment.

Fort bien de figure,
Et de la tournure,
Flatteur à l'excès,
Pour avoir du succès,

J'avance ou recule;
Mais, tendre comme Hercule,
J'en montre le maintien:
L'on rit, et tout va bien.

Je n'ai, camarades,
Jamais que des passades;
Mais je les aime mieux
Que des amours trop vieux;

Que de vieilles flammes
Bonnes pour les ames
Qui n'ont point de corps:...
Je confesse mes torts.

Dans mon inconstance
Je mets ma jouissance,
Et je veux, tous les jours,
De nouvelles amours.

MON SENTIMENT

SUR LES SENTIMENS,

Vaudeville nouveau sur un air antique.

Je ne suis pas si diable que je suis noir.

DES propos de ruelle,
De petits mots charmans,
Jouer, près d'une belle,
Tous les grands mouvemens,
Une ample kirielle
D'aimables faux sermens :
Voilà ce qu'on appelle
Des sentimens.

Une actrice nouvelle
Ne veut, de ses amans,
Qu'une belle vaisselle,
De beaux ameublemens ;
Qu'ils y joignent, dit-elle,

L'or et les diamans :
Voilà ce qu'elle appelle
Des sentimens.

La platonique Adèle
Cherche, dans les amans,
Un cœur pur et fidèle
Et détaché des sens ;
Aussi le trouve-t-elle,
Mais c'est dans les romans :
Voilà, etc.

Eglé, plus sensuelle,
N'exige, des amans,
Ni passions, dit-elle,
Ni tendres mouvemens ;
Faites à cette belle
Cinq ou six complimens :
Voilà, etc.

La délicate Urgèle
Tracasse ses amans ;
C'est toujours, avec elle,
Des éclaircissemens ;

Chercher toujours querelle,
Së forger des tourmens :
Voila, etc.

Estime mutuelle,
Candeur dans deux amans,
Ardeur toujours nouvelle,
Tendres égaremens,
Que leur ame se mêle
Et se joigne à leurs sens :
Voilà ce que j'appelle
Des sentimens.

Couplet détaché sur le même air,
par M. l'abbé Lapin.

Ma cousine Bellombre
Manque de jugement,
D'estimer par le nombre
Lés soins de son amant.
C'est, vous dit-on, Bellombre,
Vous dit-on poliment,
Parler comme un concombre,
Du sentiment.

LES HISTOIRES,

VAUDEVILLE.

AIR : *De la tendresse pour sa maîtresse, et du goût pour le vin.*

RELEVER les familles
Des belles qui n'ont rien,
Aider de pauvres filles,
Comme un homme de bien,
Sont des histoires
Très-méritoires
Aux yeux d'un bon chrétien.

Des Houris, toujours belles,
Qu'on satisfera bien,
Et qui, toujours pucelles,
N'arrêteront sur rien,

Est une histoire
Qu'on aime à croire,
Quoiqu'on soit bon chrétien.

J'entends dire à Sophie :
Le père Cyprien
Tête-à-tête édifie
Par son chaste maintien;
C'est une histoire
Qu'on ne peut croire,
Sans être un bon chrétien.

Quand ma femme me conte
Qu'elle se conduit bien,
Et que monsieur le comte
Ne lui dit jamais rien ;
C'est une histoire
Que je dois croire,
Si je suis bon chrétien.

Quand la tendre Lucelle
Jure, comme un payen,
Qu'elle est encor pucelle,

A trente ans qu'elle a bien,
C'est une histoire
Qu'on ne peut croire,
Sans être bon chrétien.

Quand l'histoire est utile
Aux gens dont elle part,
Il faut être imbécille
Pour la croire au hasard ;
Témoin l'histoire
Du Purgatoire
Qu'arrangeoit saint Bernard.

FIN DU PREMIER VOLUME.

TABLE

DU PREMIER VOLUME.

Fin de la Table.

www.ingramcontent.com/pod-product-compliance
Ingram Content Group UK Ltd.
Pitfield, Milton Keynes, MK11 3LW, UK
UKHW020551180726
13838UKWH00001B/183